JN412274

말씀과 진리 성경대학교재 3

교회와 세계

교회성장연구소

말씀과 진리

성경대학교재 3

교회와 세계

이영훈 지음

THE CHURCH AND WORLD

교회성장연구소

추천의 글

제한된 삼차원 세계를 살아가는 우리 인생의 최대 관심사는 영원한 생명에 있습니다. 영생을 추구하며 살아가는 우리에게는 걸어가야 하는 길이 있습니다. 예수님은 성경 말씀을 통해 자신을 '길과 진리요 생명'이라고 소개하십니다. "예수께서 이르시되 내가 곧 길이요 진리요 생명이니 나로 말미암지 않고는 아버지께로 올 자가 없느니라"(요 14:6) 우리가 걸어가야 하는 길인 진리와 생명의 길을 따라 예수님과 동행하는 삶을 살 때 비로소 우리는 승리하는 인생, 형통하는 인생, 주님을 본받는 인생으로 나아갈 수 있습니다.

길과 진리 되신 예수님이 우리에게 말씀으로 직접 찾아오셨습니다. "말씀이 육신이 되어 우리 가운데 거하시매 우리가 그의 영광을 보니 아버지의 독생자의 영광이요 은혜와 진리가 충만하더라"(요 1:14)고 성경은 말씀하고 있습니다. 이처럼 말씀은 우리를 구원과 영생으로 인도하는 영적인 나침반입니다. 진리에 대한 영적 통찰력을 제공하고 삶의 문제에 대한 해답을 제시하는 영적 안내서이기도 합니다.

진리의 말씀 앞에 선 우리의 선택과 결정은 단호하고 확실해야 합니다. 길 되신 예수 그리스도, 생명 되신 예수 그리스도 그분을 닮아 가는 삶을 사는 것입니다. 이러한 삶을 살아갈 수 있게 돕는 새롭게 수정, 보완된 성경대학교재인 『말씀과 진리』를 출간하게 된 것을 기쁘게 생각하며 하나님께 진심으로 감사드립니다.

개편된 교재 『말씀과 진리』는 성도를 예수 그리스도를 믿는 것과 아는 일에 하나가 되어 온전히 그리스도의 장성한 분량이 충만한 데까지 이르도록 인도할 것입니다. 본 교재를 통해 진리의 말씀을 공부하는 성도가 성령님이 허락하시는 거룩한 생각으로 새로운 꿈을 꾸며 담대하게 승리하는 삶을 살아가게 되기를 간절히 소망합니다.

2014년 2월

조용기 | 여의도순복음교회 원로목사

들어가는 말

여의도순복음교회는 지난 50여 년의 세월 속에 하나님의 놀라운 은혜로 기독교 역사에서 유례를 찾아볼 수 없는 대 부흥을 이루어 왔습니다. 교인 다섯 명의 천막 교회로 시작한 하나의 작은 교회가 세계 최대의 단일 교회로 성장한 지금도 부흥과 성장은 멈추지 않고 속도를 더하여 가고 있습니다. 이러한 부흥의 물결은 이제 본 교회에만 국한되지 않고 한국교회와 나아가서는 온 세계 교회로 흘러가고 있습니다. 이처럼 놀라운 교회 부흥의 주역이 될 수 있었던 것은 십자가 신앙을 기초로 한 철저한 말씀 중심의 교육과 뜨거운 성령운동이 있었기 때문입니다.

성령충만은 곧 예수 충만이고 예수 충만은 하나님의 말씀으로 더욱 온전하여 질 수가 있습니다. 말씀으로 우리 가운데 오셨던 예수님은 이제 부활 승천하셔서 하나님 보좌 우편에서 성령을 보내고 계십니다. 성령은 그리스도의 영이시므로 하나님의 말씀을 참되게 배우고 말씀대로 사는 것이 성령충만한 신앙생활을 유지하는 데 무엇보다 중요합니다. 따라서 하나님의 아들을 믿는

것과 아는 일에 하나가 되어 온전한 사람을 이루어서 그리스도의 장성한 분량이 충만한 데까지 이르도록 열심을 다하여야 합니다(엡 4:13).

오늘날의 기독교는 급변하는 사회와 통신의 발달로 인하여 무분별한 지식이 여과 없이 성도에게 전달되고 여러 이단의 활동으로 몸살을 앓고 있습니다. 이러한 중요한 시기에 새롭게 개편된 성경대학교재 『말씀과 진리』가 시대적 요구에 부응하고 성도의 영적 갈망을 채울 수 있게 된 것을 기쁘게 생각합니다.

새롭게 출간된 교재는 성도 여러분에게 훌륭한 영적 길잡이가 되어 올바른 교리와 견고한 신앙 위에 설 수 있도록 인도할 것입니다. 이는 그동안 축적되어 온 사역 현장에서의 경험과 충실한 연구 성과가 일구어낸 결과로 보입니다. 본 교회는 그동안 불퇴진의 복음전파와 식을 줄 모르는 기도운동과 더불어서 오래전부터 체계적인 성경 말씀을 가르침으로 성도를 양육해 왔습니다.

이런 효과적인 교육이 있었기에 성령운동의 역사가 흔들리지 않고 든든히 설 수가 있었습니다.

개편된 『말씀과 진리』를 통하여 수많은 성도가 그리스도를 닮은 작은 예수가 되어 주님 오시는 그 날까지 부흥을 지속하기를 소망합니다. 본 교재를 출간하기까지 도움을 주신 모든 분께 진심으로 감사를 드리며 인도하신 하나님께 모든 영광을 올려드립니다.

2014년 2월

이영훈 | 여의도순복음교회 담임목사

THE CHURCH AND WORLD

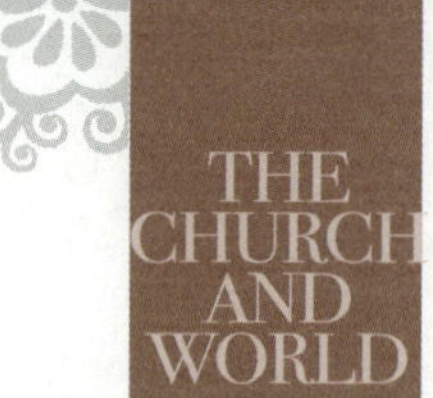

목차

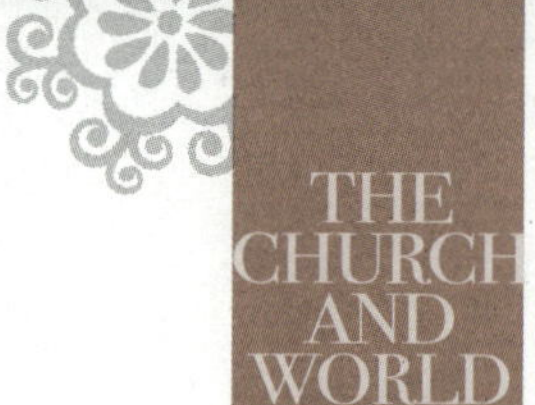

목차

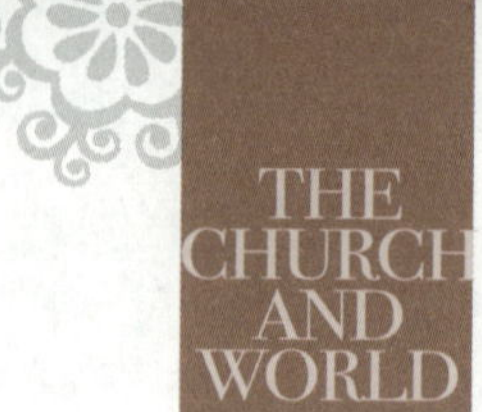

목차

34과 기독교 윤리

35과 교회의 구제와 나눔

21과

예배와 기도

1. 예배

1) 예배의 정의

2) 성경에서 예배의 의미

3) 예배의 역사

4) 예배의 근거와 목적

5) 예배의 종류

6) 예배의 요소

2. 기도

1) 기도의 정의

2) 기도의 필요성

3) 기도의 종류

4) 기도의 순서

THE CHURCH AND WORLD

21과 예배와 기도

1. 예배

1) 예배의 정의

예배는 하나님을 경배하고 높여 드리는 모든 행위이다. 예배는 찬양과 기도를 통해 하나님을 높이며 말씀을 통해 하나님의 뜻 가운데 나아가는 행위이다. 예배하는 자가 예배를 통해 어떤 유익을 얻고자 한다면 그때부터 예배의 의미는 상실된다. 따라서 예배하는 자는 순전한 마음으로 하나님을 예배하여야 한다.

예배를 드릴 때 인간은 하나님의 거룩하심에 의해 양심이 각성되고, 하나님의 진리의 말씀을 깨닫게 되며, 능력의 하나님을 만남으로써 자신을 향한 하나님의 뜻을 알고 행하게 된다.

＊예배에 대한 중점 사항

1. 예배의 구성 요소
   ① 찬양 : 하나님을 송축하는 말을 노래로 표현하는 것이다.
   ② 기도 : 곡조 없이 말로 높여 드리는 것이다.
   ③ 말씀 : 하나님의 말씀을 받고 순종하기 위한 것이다.

2. 하나님이 원하시는 예배
   영과 진리로 드리는 예배이다. 이런 예배를 드리기 위해서는 우리가 먼저 성령으로 거듭나야 한다.

3. 예배가 사도신경으로 시작해서 주기도문으로 끝나는 이유
   ① 사도신경은 우리가 믿는 대상을 지칭한다. 우리가 사도신경을 고백하고 예배를 드리면 예배를 받

2) 성경에서 예배의 의미

(1) 구약에서의 예배

- 성막과 성전에서 제사를 드렸는데, 이는 하나님이 그의 백성 가운데 계신다는 것을 의미했다(출 25:8; 민 17:4).

- 하나님이 성막과 성전에 임재해 계신다는 것은 그의 백성과의 만남을 의미한다.

- 구약 예배의 중요한 조건은 죄에 대한 희생으로 제물을 바치는 것이며 제사를 드림으로 하나님께 가까이 가는 것이다.

- 구약에서 예배의 행위에 대한 용어는 다음과 같다.

으시는 분이 누구인지 보다 분명히 알게 된다.
② 예배를 주기도문으로 마치는 것은 우리가 드리는 예배가 기도가 되게 하기 위함이다. 주기도문은 주님이 가르쳐 주신 것으로 기도의 모범이 된다.

구약의 예배	뜻	설 명	관련 성구
아바드 (עָבַד)	'봉사' '섬김'	레위인이 회막에서 봉사하는 것 및 제물을 드리는 행위를 의미	삼하 15:8
콰다드 (קָדַד)	'굴복하는 것' '자신이 엎드리는 것'	예배드리는 사람이 숭배, 순종, 봉사의 종교적인 개념을 가지고 경배하는 것	창 24:26 출 4:31, 34:8
바카쉬 (בקשׁ)	'찾음' '구함'	예배드리는 자가 하나님의 뜻을 찾는 것	슥 8:21

(2) 신약에서의 예배

- 예수님이 인간을 대신하여 속죄의 제물이 되셨기 때문에 예수 그리스도를 통하여 하나님에게 예배를 드리는 것이다.

- 예수님은 완전한 희생의 제물이 되셨는 바, 구약의 제물은 예수 그리스도의 모형에 불과하다.

- 신약에서는 그리스도의 죽으셨다가 부활하신 날, 즉 주일에 예배를 드렸다.

- 신약에서의 예배는 장차 오실 그리스도를 영접하기 위한 의식으로 하나님의 은혜에 대한 보답을 상징한다.

- 신약에서 예배의 행위에 대한 용어는 다음과 같다.

*** 주일(主日)**

일주일의 첫날로, 예수님의 부활(요 20:1~25)과 오순절 성령강림(행 2:1~41)을 기념하는 날이다. 사도 바울은 고린도교회에 헌금을 매주 첫날(주일)에 드리라고 권면하였고(고전 16:2), '주의 날'이라는 용어는 요한계시록 1장 10절에 나타난다.

신약의 예배	뜻	설 명	관련 성구
프로스퀴네오 (προσκυνέω)	'절하다' '굽혀 엎드리다' '입 맞추다'	상대에 대한 존경의 표시로 그의 손에 입을 맞추거나 그 앞에 자신을 엎드리는 것	마 4:10
라트레이아 (λατρεία)	'섬긴다'	보상을 위한 봉사, 하나님을 섬긴다는 뜻으로, 로마서 12장 1절에서는 내적인 생활과 외적인 행위의 산 제사를 의미	요 16:2 롬 9:4, 12:1 히 9장
레이투르기아 (λειτουργία)	'백성을 위하여 일한다'	섬김 혹은 봉사의 뜻으로 예배의식(liturgy)이란 말이 여기서 유래하였음(제사장의 직무, 그리스도의 직분, 교회의 예배)	눅 1:23 히 8:6 행 13:2

3) 예배의 역사

(1) 족장의 예배

- 하나님은 이스라엘 족장, 그리고 그의 가족과 계약을 맺으셨다(창 18:19).

- 족장은 제정일치(祭政一致)의 체제에서 제사장이며 가정을 이끄는 지도자였다. 그들은 가족 전체의 예배를 집행했다.

- 족장이 가족과 예배를 드린 장소가 가정이었고, 이러한 가정은 어디든지 제단이 되었다(창 12:7~9, 15:9~10, 21:33, 22:2, 5~8).

(2) 율법 시대의 예배

- 율법 시대에는 성막과 성전이 예배의 중심 장소였다.

- 이 시대의 예배 특징은 다음과 같다.
  - ▶ 희생 제물은 성전에서만 드릴 수 있었다.
  - ▶ 율법으로 예배의 세부세칙을 정해 놓았다.
  - ▶ 예배는 대제사장에게 위탁되었다.
  - ▶ 말씀보다 행위의 요소가 많은 의식의 예배였다.
  - ▶ 신약에서 예수님의 십자가 대속 사건을 상징적으로 보여주는 형태로 나타난다.

＊족장(族長)
구약에서 '가족', '족속' 또는 '종족'의 조상을 말한다. 신약에서 히브리 민족과 국가를 세운 사람들에게 붙여진 이름이다. 아브라함(히 7:4), 야곱의 아들들(행 7:8~9)이 이에 해당한다.

(3) 성전 예배

- 구약에서 왕국시절의 예배는 솔로몬의 성전 예배에서 그 절정을 이루었다.

- 희생 제물 및 의식은 백성이 죄를 깨닫고 하나님의 은혜와 사랑을 알게 하는 역할을 했다.

(4) 포로시대 이후의 예배

- 성전을 중심으로 한 예배는 불가능했지만 포로민이 모여 드리는 예배는 허용되었다(겔 8:1).

- 회당(會堂, synagogue)이란 '모임의 장소'를 말한다. 이곳에서 드리는 예배의 특징은 말씀에 대한 낭독과 해설이 있다는 것인데, 이는 나중에 설교로 바뀌었다.

- 포로 생활에서 돌아온 후에도 회당 예배는 지속되었다(느 8:1~6).

- 신약시대에도 흩어진 유대인이 거주하는 곳은 어디든지 회당을 짓고 예배를 드렸다(행 6:9, 13:5, 14:1, 17:1).

＊솔로몬 성전

솔로몬에 의해 모리아 산에 세워진 성전으로 건립 이후 이스라엘 백성의 예배 중심지가 되었다. 성전이 완공되던 날 제사장과 유대 남자들과 여자들이 하나님을 찬양하였다.

＊회당

'집회하는 집' 또는 '모이는 곳'을 의미하는데, 이곳에서는 말씀의 낭독과 설교가 예배의 중심이 되었다. 회당은 유대인이 거주하는 곳이면 어디든지 설립되었다. 그리하여 유대인이 국가적, 정치적 독립을 상실한 후에도 율법을 중심으로 한 유대 종교와 사상, 교육의 중심이 되었다.

예수님은 구약의 의식적인 예배를 폐지하시고 새로운 영적 예배에 대해 예언하셨다(요 4:24).

(5) 예수님 당시의 예배

- 예수님 시대 당시에는 성전과 회당 두 곳에서 예배가 시행되었다(눅 2:46, 4:15).

- 예수님은 구약의 성전 제사를 대체하는 새로운 형식의 예배에 대해 가르치셨다(요 2:19, 4:24).

(6) 사도 시대의 예배

- 사도 시대의 성도는 회당과 성전 예배에 참석했다(행 2:24, 5:42, 9:20).

- 오순절 성령강림과 함께 새로운 형식의 예배가 드려졌다(행 2:42, 46~47).
  - ▶ 사도들은 예루살렘 솔로몬 성전의 행각에서 설교를 중심으로 한 예배를 드렸다(행 3:11, 5:12).
  - ▶ 성도의 '집'(house)에서 매일 예배가 진행되었다(행 2:46, 5:42).
  - ▶ 예루살렘 이외의 장소에서는 편리한 곳을 정하여 예배를 드렸다(행 19:9, 20:8).

- 예배는 개방적이고 다소 자유로웠다(고전 14:23~25).
  - ▶ 예배의 구성 요소는 서로의 안부를 묻고 격려를 하며 저녁 식사를 하면서 예수님의

＊축도(祝禱)

예배 의식 끝에 목사가 회중을 위해 드리는 기도로, 고대부터 일반적으로 행해지고 있던 관습인데 가정에서도 행해진 예가 있다(창 9:26, 27:27~30).

오늘날 일반적으로 쓰이고 있는 형식은 고린도후서 13장 13절에 근거한다.

말씀과 재림을 생각하는 것이었다.

▶ 저녁 식사는 성만찬(聖晩餐, 거룩한 저녁 식사)으로 발전되었다.

(7) 중세의 예배

- 중세 가톨릭의 예배는 제도와 의식을 강조하여 예배 형식이 확립되었고 많은 교독문, 기도문, 성가 등이 나타나게 되었다.

- 중세의 예배 형식인 정식 미사(Pontifical High Mass)는 다음과 같은 특징을 지니고 있었다.
  ▶ 한 사람 혹은 그 이상의 사제의 협조 아래 한 사제가 집전하는 미사이다.
  ▶ 집사들의 협조 아래 거행되는 노래 미사로 찬양대가 필요했다.

- 중세의 예배 의식은 영적인 것이 예술적인 것에 예속이 되어 변질되는 양상으로 나타났다.

(8) 종교개혁 이후의 예배

- 종교적인 각성은 예배 의식의 수정까지 동반했다.

- 종교개혁 이후 영혼과 양심에 느껴지는 영성에 입각한 자유로운 예배였다.

＊미사

원래 라틴어의 'missa'는 미사 성제가 끝났음을 선포하는 말로 파견을 뜻하기도 한다. 하나님의 진리의 말씀과 구원의 희소식을 모든 사람에게 전파하기 위하여 파견된다는 뜻도 지니고 있다. 미사는 말씀의 전례(典禮)와 성찬(聖餐)의 전례로 구분된다.

1. 개회식 : 입당송이라는 찬송이 끝나면 성도에게 집전 주례자가 인사하고, 각자의 생활을 반성하고 뉘우치며 용서를 비는 참회식이 거행된다. 주일이나 축일에 따라 고유한 본기도를 한다.

2. 말씀의 전례 : 구약과 신약에서 발췌된 한두 개의 독서가 낭독되고, 응답하는 시편(詩篇)의 노래가 뒤따른다. 사복음서 중에서 발췌된 것

• 종교개혁 시대의 예배의식은 다음과 같다.
- ▶ 말씀 전파가 예배의 중심이었다.
- ▶ 회중의 참여가 강조되었다.
- ▶ 회중의 찬송이 강조되고, 개혁의 박해를 이겨냈다.
- ▶ 라틴어를 사용하지 않고 자국어로 예배를 드렸다.
- ▶ 신조보다 믿음의 고백을 택했다.
- ▶ 침례와 성찬이 강조되었다.

(9) 오늘날의 예배

• 하나님의 임재를 충분히 경험하기 위해 예배에 현대의 문화를 적극 활용한다.

• 전통적인 예배 형식에서 벗어나 보다 자유롭고 개방적인 예배를 추구한다.

4) 예배의 근거와 목적

(1) 예배의 근거

• 예배는 예수 그리스도의 구속 사역에 근거한다.
- ▶ 그리스도께서 십자가에서 희생 제물이 되심으로 인간은 하나님께 나아갈 수 있게 되었다(히 10:14).

을 듣기 위한 준비로 '알렐루야'라는 노래를 부르고, 복음 낭독과 강론을 듣는다.

3. 성찬의 전례 : 먼저 빵과 포도주로 제물 준비가 이루어지는 동안 성도의 헌금이 진행된다. 이어서 빵과 포도주를 예수님의 살과 피로 변화시키는 성찬기도가 바쳐지고, 주님에게 바쳐진 빵과 포도주를 나누어 먹고 마시는 영성체가 진행된다.

4. 폐회식 : 영성체가 끝나면 감사의 기도를 드리고, 집례자는 성도에게 축복의 인사를 한 뒤 성도를 파견하면서 미사를 끝맺는다.

*** 신조(信條)**

종교적 신앙을 기술한 것으로, 예배의 일부로 자주 쓰인다. 신경(信經) 또는 교의(敎義)라고도 한다.

(2) 예배의 목적

- 기독교에서 드리는 예배의 목적은 하나님의 영광을 위해서이다.

- 하나님에게 영광이라는 예배의 궁극적 목적은 교회의 건덕(健德)으로 이루어진다(고전 14:3~5, 26; 엡 4:11~16).

5) 예배의 종류

(1) 주일 예배

- 예수님께서 안식 후 첫날 즉, 주의 날에 부활하시고 제자들에게 나타나 말씀을 주시며 축복하셨다(눅 24:36~52; 요 20:19).

- 주일 낮 예배가 있다.
  - ▶ 보통 대예배라고 부르는데 가장 대표적이며 비중 있는 예배이다.
  - ▶ 격식 있게 진행이 되어야 하나, 한 가지 형태로 고정시키는 것은 좋지 않다.
  - ▶ 대예배의 각 순서는 하나의 목표(하나님에게 영광)를 가지고 일관성 있게 진행되어야 한다.
  - ▶ 대예배는 틀에 박힌 듯 드리는 것이 아니라 활기 있게 드려야 한다.
  - ▶ 대예배는 성도뿐만이 아니라 비신자에게

＊건덕(健德)
교회에 '덕을 세우는 것'을 말한다(고전 14:26; 살전 5:11).

도 유익한 면모를 보여야 한다.

▶ 대예배는 세속의 모임이 아니기에 경건하고 은혜롭게 드려야 한다.

• 주일 밤 예배가 있다.

▶ 격식 있는 낮 예배보다는 자유롭게 드린다.

▶ 주일 밤 예배는 세속에 물들 수 있는 성도를 주님의 전으로 인도하여 서로 교제할 수 있는 계기가 되어야 한다.

(2) 수요 예배

• 일주일의 중간인 수요일에 예배를 드림으로 주님을 예배하고 신앙을 점검하는 것에 그 의미가 있다.

(3) 새벽 예배

• 새벽 기도는 예수님에 의하여 시작되었다(막 1:35).

• 한국에서 새벽기도회의 시작은 성령운동이 처음으로 일어난 1906년 평양 장대현교회였다.

▶ 성령의 불이 타오르자 길선주 장로가 다니던 장대현교회를 중심으로 회개운동이 시작되었고 새벽기도회가 생겼다.

＊예배의 본질

인간이 타락한 후에는 자력으로 하나님을 만날 수도 없었고, 가까이할 수도 없게 되었다. 그러나 범죄한 인간이 하나님의 성호를 부르고 경배하게 된 것은 중보자 예수 그리스도의 구속으로 인해 가능하게 되었다. 그러므로 하나님의 백성은 하나님의 임재와 은혜에 믿음으로 응답해야 하는데 이것이 예배의 본질이라고 할 수 있다.

＊마가복음 1:35

"새벽 아직도 밝기 전에 예수께서 일어나 나가 한적한 곳으로 가사 거기서 기도하시더니"

(4) 구역 예배

- 한국교회가 성장함에 따라 성도수가 증가하게 되었고, 특히 대형 교회에 다니는 성도 간에 교제가 어렵게 되었다.

- 성도에 대한 교육과 교제를 원활하게 하기 위해 지역을 분할하여 각 지역 내에서 구역 예배를 드렸다.

(5) 금요 철야 예배

- 수요 예배와 주일 예배 사이에 한 번 더 예배를 드림으로 성도 간에 영적 성장을 가져오게 되었다.

- 금요 예배는 보통 금요철야기도회라고 부르는데, 이는 예수님이 '밤이 새도록' 기도의 본을 보여주신 데서 유래를 찾을 수 있다(눅 6:12).

(6) 가정 예배

- 하나님은 인간을 창조하신 다음 남자와 여자를 축복하고 가정을 허락하셨다(창 1:28).

- 가정 예배는 매일 드릴 수 있으며 온 가족이 참여할 수 있다.

***누가복음 6:12**
"이 때에 예수께서 기도하시러 산으로 가사 밤이 새도록 하나님께 기도하시고"

6) 예배의 요소

(1) 찬양을 드림

- 찬양은 예배의 중요한 구성 요소이다.

- 찬양은 성도를 하나님께 집중시키며 하나로 통일되게 한다.
  ▶ 찬양은 사람의 믿음과 감정과 태도를 하나님에게 연결하는 다리가 된다.

- 찬양은 두 가지 면에서 예배와 관련이 있다.
  ▶ 찬양은 예배의 목표 또는 정신을 반영한다.
  ▶ 찬양은 작곡가와 작사가의 신앙적 체험을 공감하게 할 뿐 아니라 이를 다른 사람과 함께 나누게 한다.

(2) 기도를 드림

- 예배에서 기도는 중요한 부분을 차지하는데, 그것은 예배의 대상인 하나님에게 드려지기 때문이다.

- 우리가 세상의 모든 사람을 위하여 기도할 수 있는 것은 하나님이 인류를 사랑하시고 그들을 위한 우리의 간구를 들으시기 때문이다.

- 예수님은 기도의 중요성을 강조하기 위하여

＊ 예배에서 찬송가 선택법

1. 예배 인도자는 찬송가를 잘 알아야 하고, 예배에 적합한 찬송가를 택하는 방법을 알아야 한다.
2. 교역자는 성도에게 찬송가 선택에 대한 지도를 해야 한다.
3. 찬송가 선택에는 뚜렷한 목적이 있어야 한다.
4. 설교 전의 찬송은 설교의 주제와 관계있는 것으로 선택해야 한다.

＊ 공중 기도의 원칙

1. 모든 기도는 고유의 일정한 목적을 가져야 한다.
2. 모든 기도는 훌륭한 형식을 갖추어야 한다. 그 형식은 간단하고, 명확하고, 직접적이어야 한다.
3. 기도는 2인칭으로 하나님에게 드려져야 한다.
4. 공중 예배에서 기도의 요청을 받은 경우 자기 생각에 치우치지 않도록 주의해야 한다.
5. 공중 예배에서 기도는 보고 읽을지라도 미리 작성하여 숙지하고 있는 것이 좋다.

기도의 모범으로 친히 '주기도문'을 우리에게 가르쳐 주셨다.

(3) 말씀을 받음

① 성경봉독

- 하나님은 인간의 언어를 사용하여 말씀을 사람에게 전하신다.

- 성경봉독은 설교자의 해석이 가미되지 않는 순수한 하나님의 말씀이 임하는 것으로 그 자체가 예배의 한 부분이다.

- 인도자는 보다 은혜롭게 성경봉독을 하기 위하여 가져야 할 마음의 자세가 있다.
  - ▶ 하나님의 말씀을 존중하는 마음으로 읽는다.
  - ▶ 성경구절이 이해될 수 있도록 바르고 정확하게 읽는다.
  - ▶ 성경구절의 중요한 낱말은 더욱 강조하는 마음으로 읽는다.
  - ▶ 시적인 성구를 읽을 때는 장단에 맞춰 읽는다.

② 설교

- 설교는 하나님에게 드리는 것과 동시에 사람에게 허락된 하나님의 말씀이다.

＊공중 예배에서 성경봉독하는 법

1. 교역자는 회중이 듣는 가운데 정해진 성경구절을 혼자 읽는다.

2. 교역자는 정해진 성경구절을 한 구절씩 교독(交讀)할 수 있다.

3. 교역자는 정해진 성경구절을 전체 회중과 함께 합독(合讀)할 수 있다.

• 설교는 세상을 향한 교회의 증언인 동시에 설교자 자신에 대한 증언이다.

• 설교는 예배의 다른 요소와 상호보완 관계에 있을 때 더 큰 능력이 나타난다.

(4) 헌물을 드림

• 예배에서 헌금은 하나님에게 드리는 중요한 요소 중 하나이다.

• 예배에서 헌금은 하나님의 은혜에 대한 보답(報答)과 감사의 표시이다.

＊헌물을 드리는 의미

1. 예배에서 헌물을 드리는 것은 자신을 바치는 것을 표현하는 상징적 행위이다.

2. 하나님에게 헌물을 드리는 것은 우리의 사랑을 입증하는 것이다.

3. 하나님에게 헌물을 드리는 것은 우리의 감사에 근거한다.

2. 기도

1) 기도의 정의

(1) 하나님과의 대화

• 기도는 성도가 자신의 사정을 하나님에게 말씀드리는 것이며, 또한 하나님이 성도에게 응답해 주시는 것을 듣는 하나님과 성도와의 대화이다(렘 33:3).

▶ 하나님은 인격적인 분으로 우리와 대화를 하실 때 인격적인 대화를 하기 원하신다.

(2) 영적 생명을 유지하는 호흡

• 육을 유지하려면 육의 양식과 호흡이 필요하듯이, 영이 살기 위해서는 영적인 양식인 말씀과 영적인 호흡인 기도가 필요하다.

▶ 영을 질식시키는 것은 세상의 염려와 재물의 유혹이다(마 13:22). 여기서 벗어나는 길은 기도밖에 없다(빌 4:6~7).

2) 기도의 필요성

(1) 하나님의 명령

• 우리가 하나님 앞에 나아가 기도하는 이유는 주님이 쉬지 말고 기도하라고 명하셨기 때문이다(눅 18:1; 살전 5:17).

(2) 하나님과의 교통

• 하나님과 교통하려면 하나님과 사람 사이를 막고 있는 죄악의 담을 허물어야 한다(사 59:1~2). 회개 기도를 통하여 담을 무너뜨려야 한다.

(3) 불가능한 일의 성취

• 기도는 사람의 힘으로 불가능한 일을 하나님에게 아뢰어 성취시킬 수 있는 유일한 길이다. 기도할 때 인간이 감당하기 어려운 무거운 짐을 주님이 대신 지신다(마 11:28).

*** 성경과 기도와의 관계**

인간이 거룩하게 되는 길은 수양이나 도덕심에 의해서가 아니라 "하나님의 말씀과 기도"(딤전 4:5)라고 가르치고 있다. 그러므로 우리는 말씀을 삶의 지표로 삼고 늘 기도에 힘써야 한다.

▶ 기도할 때 의술로 고치기 어려운 질병도 치료가 가능할 수 있다(약 5:15~18).

▶ 기도할 때 주님이 사탄을 쫓아내는 권세와 능력을 허락해 주신다(눅 10:19).

3) 기도의 종류

기도는 다양하여 범주를 나누기가 쉽지 않은데, 다음의 몇 가지로 대별해 볼 수 있다.

(1) 사적 기도와 공적 기도

- 사적인 기도는 자신을 위해서 하나님에게 드리는 것이다. 즉, 자신의 여러 문제와 소원을 하나님에게 아뢰며 도움을 구하는 기도이다.
  - ▶ 여러 사람이 함께 기도 드릴 때는 기도 내용이 다른 사람에게 들리지 않도록 하는 것이 좋다.

- 공적인 기도는 많은 사람 앞에서 전체를 대표하여 드리는 것이다.
  - ▶ 공적 예배에서의 대표 기도나 통성 기도와 합심 기도, 구역 예배 시의 기도, 심방 시의 기도 등을 들 수 있다.

(2) 규칙적 기도와 불규칙적 기도

- 규칙적 기도는 하루, 주간, 월간 등에 시간을

***통성 기도(通聲 祈禱)**

기도의 한 종류로, 크게 소리를 내어 기도하는 행위이다. 특히 한국 개신교회의 예배 및 집회에서 이루어지는 기도 양식으로 영어권에서는 이를 한국식 기도(Korean prayer)라 부르기도 한다.

작은 소리로 일정한 기도문을 읽거나 형식에 맞춰 기도를 하는 로마 가톨릭(구교)의 염경 기도와는 방법적인 차이가 있다.

***합심 기도(合心 祈禱)**

예수님을 믿는 성도 두세 사람 이상이 마음을 합하여 기도(마 18:19~20)하는 것인데 대체로 통성으로 한다.

정해 놓고 하는 것이고, 불규칙적 기도는 쉬지 않는 기도(살전 5:17)와 필요할 때마다 수시로 하는 기도를 말한다.

(3) 특정 장소의 기도와 불특정 장소의 기도

- 특정 장소의 기도는 기도를 하기 위하여 특별히 마련한 곳인 교회의 본당, 기도실 그리고 기도굴 같은 곳에서 드리는 것이고, 불특정 장소의 기도는 산, 광야, 동산, 한적한 곳, 가정 등 어디에서나 드리는 것이다.

(4) 발성 기도와 묵상 기도

- 발성 기도는 자신이 하는 기도 소리를 자신이 들을 수 있을 뿐만 아니라 다른 사람에게도 들리지만, 묵상 기도는 소리를 내지 않고 하기 때문에 하나님과 본인 말고는 아무도 그 소리를 들을 수 없다.

(5) 청원 기도와 명령 기도

- 청원 기도는 하나님에게 본인이 가지고 있는 문제 해결을 부탁드리는 것이고, 명령 기도는 전투의 기도라고 할 수 있는데 악한 영의 세력을 향하여 '물러가라' 고 명령하는 것이다.

(6) 일반 기도와 특별 기도

- 일반 기도는 평상시 하던 대로 규칙적으로 하는 것임에 반하여, 특별 기도는 특별한 목표를 가지고 하는 것이며 금식 기도, 작정 기도, 서원 기도, 치유 기도 등이 있다.

＊서원 기도(誓願 祈禱)
하나님이 도와주실 경우에 어떻게 하겠노라고 약속드리며 하는 기도이다. 그러나 성경 어디에도 이러한 서원을 강요하지는 않는다.

＊도고
이웃을 위한 기도를 말한다.

4) 기도의 순서

기도의 순서는 일반적으로 주님이 가르쳐 주신 주기도문과 요한복음 17장에 기록된 주님의 기도에 근거한다.

순서	내용
1. 하나님을 부름	"하나님 아버지" 라고 하나님을 부르며 시작한다.
2. 감사와 영광	"이름이 거룩히 여김을 받으시오며"와 같이 감사드리며 영광을 돌리는 말을 한다.
3. 회개	"그들을 진리로 거룩하게 하옵소서"와 같이 자신의 죄와 실수와 허물을 하나님의 말씀에 비추어 보아 하나님의 뜻대로 살지 못한 것을 고백하며 용서를 구한다.
4. 간구	"뜻이 하늘에서 이루어진 것 같이" 되기를 구한다.
5. 도고	시험과 환난이 많은 세상의 여러 문제에서 "시험에 들지 않고 악에서 구원해 주실" 것을 구한다.
6. 끝마침	기도는 언제나 "예수님 이름으로 기도합니다, 아멘"으로 마친다.

22과

전도와 선교

1. 전도

1) 전도의 개념

2) 전도의 이유

3) 전도의 내용

4) 전도의 도구

5) 전도의 실제

2. 선교

1) 선교의 개념

2) 선교의 목적

3) 선교의 대상

THE CHURCH AND WORLD

22과 전도와 선교

1. 전도

1) 전도의 개념

(1) 전도의 정의

- 인간의 죄를 위해 죽으시고 부활하신 예수 그리스도를 믿음으로 구원과 영생을 얻게 된다는 기쁜 소식을 전하는 것이다.

- 예수 그리스도를 구세주로 선포하는 일이며, 예수님의 제자와 교회의 성도가 되도록 사람을 인도하는 것이다.

- 초대교회에서 제자들이 행한 전도는 다음과 같다.
  - ▶ 하나님의 기쁜 소식(복음)을 나누는 것으로써 모든 그리스도인의 의무였다.
  - ▶ 성직자만이 아닌 모든 성도의 역할이었다.
  - ▶ 복음의 선포와 구제 사업을 병행하였다.

*** 전도(傳道)**

두 가지 헬라어로 기록되었다.

1. 케뤼그마(κήρυγμα) : 선포하다(proclaim), 설교하다(preach)

2. 유앙겔리온(εὐαγγέλιον) : 기독교의 교리를 전하다(evangelize).

*** 복음**

1. 구약에서는 기쁜 소식이나 그에 대한 보상으로 나타난다. 나쁜 소식을 전하는 자는 유죄인 반면에 좋은 소식을 전하는 자에게는 보상이 주어진다고 한다.

2. 신약에서는 구원과 관련해 사용되고 있다(막 1:14).

(2) 전도의 성경적 의미

- 사복음서의 마지막 부분에는 부활하신 예수님이 제자들에게 하신 '복음을 전파하라' 는 말씀이 한결같이 언급되고 있다(마 28:18~20; 막 16:15; 눅 24:39~44; 행 1:8).

- 성경에서는 복음을 전파하라는 의미가 다섯 가지 말과 연관되어 표현된다.

① 좋은 소식을 전하다(유앙겔리조, εὐαγγελίζω)

▶ '좋은 소식을 전파한다', '좋은 소식을 설교한다' 는 뜻을 가지고 있다.

▶ 예수님이 하나님의 나라가 가까이 왔다고 복음을 전파하실 때 이 말을 사용하였다(막 1:14).

▶ 사도행전에서 전도자라는 말은 '하나님 나라의 좋은 소식을 전파하는 사람' 을 의미하였다(행 21:8).

② 말씀을 선포하다(케뤼소, κηρύσσω)

▶ '크게 외치다', '알리다' 는 뜻을 가지고 있다.

▶ 침례 요한이 광야에서 '전파하여' 라는 말을 쓰고 있는데 이것은 하나님의 말씀을 선포한다는 뜻이다(막 1:4).

▶ 예수님이 회당에서 말씀을 전파하실 때 사

＊전도와 복음의 관계
전도(evangelism)와 복음(gospel)은 매우 밀접한 관계에 있다. 전도는 복음을 선포하고 전하는 것이 핵심이므로 복음이 빠진 전도는 성경적 관점에서의 전도라고 할 수 없다. 따라서 전도는 복음을 전하는 것에 최우선 순위를 두어야 한다.

용하셨는데, 이 말은 결단을 요구하는 연설의 형태를 보여준다(마 7:29).

③ 제자들을 가르치다(디다스코, διδάσκω)

▶ 학생이 최고의 학습 목표에 도달하도록 이론적 및 실제적 지식을 가르치고 전수하는 행동이다.

▶ 예수님이 회당에서 가르치실 때나(마 4:23, 9:35), 마태복음 5장의 산상수훈에서 이 말을 사용하셨다.

▶ 사도들이 예수님의 부활을 선포하며, 사람들을 가르칠 때 이 말을 사용하였다(행 4:1~2).

④ 예수님을 증언하다(마르튀레오, μαρτυρέω)

▶ 사도행전 1장 8절에 '내 증인이 되리라' 는 예수님의 말씀에 이 말이 사용되었다.

▶ 사실과 사건의 증거를 표현하고, 진리를 보증하는 데 자주 사용되었다.

▶ 목격하고 있는 사람의 개인적인 참여와 확신이 중요한 요소가 되었다.

▶ 이 말에서 영어 '순교자'(martyr)라는 단어가 나왔다.

⑤ 제자를 삼다(마테튜오, μαθητεύω)

▶ 제자의 의미는 '자신의 마음을 한 곳에 쏟

*** 증인**(μάρτυς)
'순교자'라는 의미로, 증인이 되기 위해서 죽음을 무릅쓰고 증언하는 사람이라는 뜻이다.

는 자' 이다.

▶ 진정한 의미는 '배우다' 보다는 '따르다' 에 더 가깝다.

▶ 예수님은 제자들에게 지식을 전달하기보다는 그들의 헌신을 일깨우고 계신다.

2) 전도의 이유

예수님이 이 땅에 오신 목적은 복음을 전파하여 죄인을 구원하시기 위함이었다. 예수님의 복음을 듣고 이를 믿은 모든 사람은 구원을 받았다.

예수님이 지상의 사역을 마치고 승천하시기 전에 마지막으로 부탁하신 말씀도 땅끝까지 자신의 증인이 되라는 것이었다. 그러므로 성도가 이 땅에서 해야 할 가장 중요한 일은 예수님의 명령에 따라 세상을 향해 복음을 전파하는 것이다. 성도가 전도를 해야 하는 이유를 세부적으로 살펴보면 다음과 같다.

(1) 하나님의 사랑 때문에

- 우리가 서로 사랑해야 하는 이유는 하나님이 우리를 먼저 사랑하셨기 때문이다(요일 4:19).

▶ 요한은 하나님의 속성에 대해 언급하면서 "하나님은 사랑이라"(요일 4:16)고 선언한다.

＊제자

예수님의 제자는 크게 둘로 구분할 수 있다.

1. 넓은 의미 : 예수 그리스도를 구주로 믿고 자기의 처소에서 헌신하는 자

2. 좁은 의미 : 예수 그리스도의 12사도들로서 자신의 옛 생활방식을 버리고 예수님을 따른 자(마 10:1)

＊요한일서 4:19

"우리가 사랑함은 그가 먼저 우리를 사랑하셨음이라"

- 하나님 사랑의 가장 구체적인 표현은 독생자 예수님을 이 땅에 보내시고 인간 구원을 위해 십자가에서 죽게 하셨다는 것이다(요일 4:10).
  ▶ 바울은 그리스도의 십자가 사건을 하나님의 사랑 때문이라고 표현한다(롬 5:8).

- 복음 전도의 근본적인 이유는 무조건적인 하나님의 아가페 사랑에 있다(요 15:13).

(2) 제자 삼으라는 명령 때문에

- 복음 전도에 대한 가장 확고한 근거는 '제자를 삼으라'는 예수님의 지상명령에 있다(마 28:19~20).

- 오순절 성령강림, 교회 형성, 집사 선출, 선교사 파송, 이방인 전도는 사도행전 1장 8절 말씀에 근거한다.

(3) 잃어버린 영혼을 찾기 위해

- 예수님이 이 땅에 오신 목적은 잃어버린 영혼을 구원하시기 위함이라고 밝히고 있다(막 10:45).

- 바울이 여러 계층의 사람들을 만났을 때, 같은 입장이 되려고 한 이유는 그들을 구원하고자 함이었다(고전 9:22).

*** 독생자**
예수님에게 적용된 칭호(요 3:16; 요일 4:9)로, "하나님의 영원한 아들"(히 11:7)이라는 말과 연관이 있다.

*** 사도행전 1:8**
"오직 성령이 너희에게 임하시면 너희가 권능을 받고 예루살렘과 온 유대와 사마리아와 땅 끝까지 이르러 내 증인이 되리라 하시니라"

*** 구원**
현재적 의미나 미래적 의미에서 하나님의 나라에 들어가는 것 모두를 가리킨다(롬 1:16; 고후 1:6).

*** 고린도전서 9:22**
"약한 자들에게 내가 약한 자와 같이 된 것은 약한 자들을 얻고자 함이요 내가 여러 사람에게 여러 모습이 된 것은 아무쪼록 몇 사람이라도 구원하고자 함이니"

• 누가복음 15장에서 예수님이 말씀하신 세 가지 비유, 즉 잃었던 양의 비유, 잃었던 드라크마의 비유, 잃었던 아들의 비유는 잃어버린 영혼에 대한 복음 증거를 언급한 것이다.

(4) 하나님의 진노가 있기 때문에

• 성도가 복음을 전해야 하는 분명한 이유는 하나님의 진노와 심판이 있기 때문이다.
  ▶ 하나님은 인간의 악행과 범죄를 오래 참으시지만 영원히 참으시지는 않는다.
  ▶ 우리는 죄로 인하여 하나님의 진노를 사게 되었고 영원히 멸망할 운명에 처했다(시 90:7). 진노에서 벗어나는 길은 오직 복음을 받아들이는 것밖에 없다.

• 예수님은 마태복음 24장에서 세상 끝날에 하나님의 진노가 있게 될 것이기 때문에 예비하고 준비하라고 하셨다.

• 사도 바울도 '주의 두려움'에서 벗어나기 위하여 사람들에게 복음을 전해야 한다고 했다(고후 5:10~11).

3) 전도의 내용

전도의 내용은 사도행전에서 사도들과 집사

들이 증거한 내용에 잘 나타나 있다.

(1) 베드로의 설교(행 2:16~41)

- 구약을 인용하여 이 땅 위에 강림하실 메시아에 대한 약속을 전했다.
- 예수님이 메시아 되심과 주시라는 것을 증거했다.
- 예수님이 인간의 죄를 위하여 죽으셨고 부활하셨음을 전했다.
- 예수님을 믿으면 구원이 있음을 전했다.

(2) 바울의 설교(행 13:14~49)

- 하나님이 메시아를 다윗의 자손으로 오게 하셨음을 전했다.
- 메시아가 예수님의 오심으로 성취되었음을 전했다.
- 예수님이 죽은 후 부활하셔서 자신에게 보이셨음을 전했다.
- 예수님을 믿으면 의롭게 되어 구원에 이르게 된다고 증거했다.

(3) 스데반의 설교(행 7:1~51)

- 아브라함이 하나님을 예배했다는 것으로 설교를 시작했다.
- 구약의 구원자 모세와 신약의 예수님을 비교했다.
- 다윗의 자손으로 오신 예수님을 이스라엘 백성이 죽였다고 증거했다.
- 예수님은 부활하셔서 하나님 우편에 계심을 증거했다.

(4) 성경을 통하여 전도해야 할 내용

- 모든 사람은 죄인이지만(롬 3:10~12) 인간은 스스로를 구원할 수 없다(딛 3:5).
- 하나님은 사랑이시기 때문에 인간을 구원하시기 위해 독생자 예수님을 보내셨다(요 3:16).
- 예수님은 죄로 인하여 죽어야 할 우리를 대신하여 십자가에서 죽으셨다(벧전 3:18).
- 누구든지 대속의 예수님을 믿기만 하면 하나님의 자녀가 되는 권세를 누리고 구원을 얻게 된다(요 1:12; 갈 3:26).

＊베드로전서 3:18
"그리스도께서도 단번에 죄를 위하여 죽으사 의인으로서 불의한 자를 대신하셨으니 이는 우리를 하나님 앞으로 인도하려 하심이라 육체로는 죽임을 당하시고 영으로는 살리심을 받으셨으니"

- 구원받은 후에 누릴 수 있는 축복은 하나님의 나라에서 영원히 하나님과 거하는 삶이다(요 14:1~3).

4) 전도의 도구

성경에 의하면 전도를 하기 위해 갖추어야 할 세 가지 요소는 성령님의 권능, 기도 그리고 하나님의 말씀이다.

＊권능
1. 일반적으로 자신이 뜻하는 바를 실행에 옮길 수 있는 능력
2. 그리스도의 가르침에 사람들을 복종케 하는 능력
3. 주님의 이름으로 귀신을 쫓아내고, 병든 성도의 병을 고치는 능력

(1) 성령님의 권능

- 중생하여 하나님의 사람으로 변화되는 것은 사람의 힘이 아니라 성령님의 권능에 의한다.

- 열매 맺는 전도를 하기 위해서는 성령님의 능력이 임해야 한다. 왜냐하면 성령님은 전도의 수행자가 되시기 때문이다.

(2) 기도

- 사람이 성령님의 권능을 갖기 위해서는 끊임없는 기도가 필요하다. 기도 없이는 사람의 마음을 감동시킬 수 없다.
  ▶ 성령님은 인격적인 분이시기 때문에 인정하고, 환영하고, 모셔 드리는 충만한 기도(행 13:2~3)가 있어야 성령님의 기름부으심으로 전도가 가능해진다.

(3) 하나님의 말씀

- 비신자는 하나님을 알지 못하기 때문에 하나님을 부를 수도, 믿을 수도 없다(롬 10:14).

- 하나님을 알도록 성도가 비신자에게 전해야 하는 내용은 그리스도의 말씀이다(롬 10:17).

5) 전도의 실제

예수님이 "만민에게 복음을 전파하라"고 하셨듯이 성도의 전도 대상은 모든 사람이다(막 16:15~16). 하나님은 우리의 삶 속에서 만나는 모든 사람이 구원을 받으며 진리를 아는 데 이르기를 원하신다(딤전 2:4).

(1) 어린이 전도

- 예수님은 어린이를 사랑하셔서 그들이 가까이 오는 것을 금하지 않으셨다(눅 18:16).

- 어린 아이를 사랑하는 사람이라면 예수님이 행하신 것처럼 그들을 주님께 인도해야 한다.

① 어린이는 예수님을 필요로 한다.

▶ 예수님을 모르는 어른처럼 어린이도 자연적으로 죄를 범하고 산다.

＊만민
1. 다양한 방면의 사람을 말한다.
2. 규명이 가능한 집단 안의 모든 사람을 가리킨다.

＊어린이
'어린 아이'를 대접하거나 격식을 갖추어 이르는 말로 대개 4, 5세부터 초등학생까지의 아이를 말한다.

＊누가복음 18:16
"예수께서 그 어린 아이들을 불러 가까이 하시고 이르시되 어린 아이들이 내게 오는 것을 용납하고 금하지 말라 하나님의 나라가 이런 자의 것이니라"

▶ 어린이가 죄의 유혹을 인식한다면, 어린이 전도의 중요성이 더 두드러진다.

▶ 신앙이 있는 부모는 가정 예배를 통하여 어린이에게 예수님을 영접할 기회를 제공할 수 있다.

▶ 불신앙의 부모를 둔 어린이는 기독교 문학 작품을 소개하거나 전도를 통하여 그들을 교회로 이끌 수 있다.

② 어린이 전도의 중요성

• 예수님을 믿게 된 어린이는 전 생애를 통해 하나님을 섬길 잠재력을 갖게 된다.

▶ 성장 중에 있는 어린이는 미래의 선한 삶을 위하여 반드시 전도돼야 한다.

▶ 어린이가 구원을 받게 되면 그 아이의 가정 구원에도 도움이 된다.

(2) 청소년 전도

• 청소년기는 전체 인생의 작은 부분이지만 변화를 많이 경험하므로 예수님을 영접하기 좋은 시기이다.

• 청소년기는 호기심이 많고 영적으로 민감하므로 신앙적인 각성을 갖기 쉽다.

• 청소년은 겉으로 반항의 기질을 보이지만, 속

***청소년**
청년과 소년을 아울러 이르는 말로 법률적(청소년 기본법)으로는 9세 이상 24세 이하인 사람을 이른다.

에는 예수님만이 주실 수 있는 사랑을 간절히 바라고 있다.

① 변화하는 연령

▶ 어린이와 성인의 중간기로 신체적 변화가 있다.

▶ 아직 생각은 어린데 어른처럼 행동하고자 하는 심리적 변화가 있다.

▶ 신체적으로 외모에 대한 변화가 일어난다.

▶ 자신과 가족에 대한 관계 형성의 인지적 변화가 있다.

▶ 자신이 누구인지 알고자 하는 사회적 변화가 있다.

② 회심의 중요한 시기

▶ 변화하는 삶을 통하여 양심의 가책을 받게 된다.

▶ 아동기는 결정의 대부분이 타인에 의하여 이루어지지만 청소년기는 자신이 선택해야 할 영역이 많아진다.

▶ 동료나 성인으로부터 인정받는 것에 관심이 큰 만큼, 그들을 인격자로 인정하는 것은 전도의 좋은 기회가 된다.

(3) 성인 전도

• 하나님은 인간을 창조하실 때 성인으로 창조

하셨다.

• 믿지 않는 성인은 육적으로나 혼적으로 어린이나 청소년과는 달리 성숙된 시기에 있어도 영적으로는 아직 거듭나지 않은 상태에 있다.

• 성인은 실제적인 삶에서 부딪치는 여러 가지 난관에 대해 자신을 도울 수 있는 구원자를 찾는다.

① 성인의 주변 환경

▶ 성인이 되면 아동기, 청소년기와 달리 다양한 사람과 사회적 접촉을 하게 된다.

▶ 사회 생활을 하면서 자신을 도와줄 사람이 필요하지만 주위에는 믿지 못할 사람으로 가득 차 있다고 생각한다.

▶ 증가하는 지식은 자산이 되기도 하지만 대중 속에서 소외와 고독을 느끼게 한다.

② 성인의 요구

▶ 성인은 인생 초기에 설정한 목적들이 성취되지 못할 때 후회와 불만을 지니게 된다.

▶ 성인은 인생이 짧음을 인지하게 되면서(시 103:15~16) 남은 미래를 잘 영위해 나가기를 원한다.

▶ 성인은 애정, 동료의 인정, 책임의식, 독립

*** 성인**
성장하여 어른이 된 사람을 말하며, 보통 만 20세 이상의 남녀를 이른다.

등과 같은 절실한 요구에 도움을 줄 절대자의 필요를 인식한다.

▶ 성인의 요구를 충족해 주실 분은 절대 지존자이신 하나님이시다. 따라서 성인 때가 하나님을 만날 수 있는 최적기라고 볼 수 있다.

2. 선교

1) 선교의 개념

(1) 선교의 정의

- 선교는 예수님의 지상명령이다(막 16:15).
- 선교는 사람을 예수 그리스도의 제자로 삼고, 그분을 따르는 자로 살게 하는 것이다(마 28:19).
- 선교는 영원한 절망에 처한 인간을 구원에 이르게 하며, 세상의 공중권세 잡은 사탄을 내어 쫓는 것이다(마 10:1).
- 선교는 세상을 심판하러 오시는 그리스도의 재림을 준비하는 것이다(마 24:14).

＊지존자(至尊者)

고대 중동의 서부 셈족어로 '신들의 하늘 아버지'를 엘(하나님)이라고 불렀는데, 이 말을 번역하면 '지존자'가 된다. 이는 이스라엘 백성이 하나님을 말할 때 사용했다.

＊전도와 선교의 비교

	전도	선교
공통점	복음을 전파하여 그리스도의 제자로 삼음	
차이점	동일 문화권	다른 문화권

＊마가복음 16:15

"또 이르시되 너희는 온 천하에 다니며 만민에게 복음을 전파하라"

＊마태복음 24:14

"이 천국 복음이 모든 민족에게 증언되기 위하여 온 세상에 전파되리니 그제야 끝이 오리라"

(2) 성경에 나타난 선교

- 성경은 하나님의 사랑이 이스라엘 백성으로부터 이방인에게 전달되는 내용을 보여준다.
  - ▶ 하나님이 인간을 사랑하시며, 죄 가운데 처한 인간의 구원을 말씀하시는 것에서 선교의 의미를 찾아볼 수 있다.

① 구약에서의 선교

- ▶ 하나님이 아브라함을 선택하시고 "땅의 모든 족속이 너로 말미암아 복을 얻을 것이라"(창 12:3)고 하신 것은 온 인류를 구원하시고 복 주시려는 하나님의 선교에 그 의미가 있다.
- ▶ 하나님이 이스라엘 백성을 선택해 출애굽시키신 것은 온 세상에서 제사장 나라의 임무를 완성시키기 위한 사명을 주신 것으로 볼 수 있다.
- ▶ 하나님이 선지자 요나를 앗수르의 수도 니느웨로 보내신 것은 이방민족을 구원하시려는 구약 선교의 효시이다(욘 1:2).

② 신약에서의 선교

- 이방인을 향한 예수님의 계획에는 사마리아, 두로, 시돈 지역의 전도를 통하여 나타나며, 전 인류를 구원하시려는 의도를 보여준다.

*** 요나 1:2**
"너는 일어나 저 큰 성읍 니느웨로 가서 그것을 향하여 외치라 그 악독이 내 앞에 상달되었음이니라 하시니라"

• 복음서에서 부활하신 예수님은 지상명령(마 28:19~20)을 통하여 세계 만민의 구원을 위한 선교를 강조하셨다.

• 사도행전에서 사도 바울의 세 차례 전도여행은 신약 선교의 모본을 보여준다.

2) 선교의 목적

선교는 세계 안에서 수행되는 하나님의 구속의 역사이며 성경에 분명히 제시되어 있다(막 16:15). 선교의 목적은 크게 세 가지로 이방인의 회심, 교회의 설립 및 확장 그리고 하나님에게 영광을 돌리는 것이다.

(1) 이방인의 회심

• 모든 족속이 회심하도록 그들을 인도하여 예수님의 제자로 삼는 사역은 선교에서 이루어야 할 필수 조건이다.

• 선교는 사람이 회심하여 옛 사람을 벗어버리고 그리스도께 순종함으로 하나님을 알지 못하는 이방인에서 하나님의 자녀가 되는 것이다.

＊마태복음 28:19~20
"그러므로 너희는 가서 모든 민족을 제자로 삼아 아버지와 아들과 성령의 이름으로 침례를 베풀고 내가 너희에게 분부한 모든 것을 가르쳐 지키게 하라 볼지어다 내가 세상 끝날까지 너희와 항상 함께 있으리라 하시니라"

(2) 교회의 설립과 확장

- 예수님이 제자를 선택하시고 훈련시키신 것은 교회를 설립하고 세계 선교의 책임을 감당시키기 위한 것이다.
  ▶ 예수님은 부활부터 재림에 이르는 기간에 선교 활동을 담당할 교회를 세우겠다고 하셨다(마 16:18).

- 바울은 에베소 성도에게 교회는 선지자와 사도의 터 위에 세워진 공동체라고 말하며 계속해서 세워져야 한다고 권면한다(엡 2:20~22).
  ▶ 바울이 선교를 통하여 교회를 설립하고 확장한 이유는 교회가 예수님의 부활 승천과 재림의 중간기에 놓여있다는 그의 믿음 때문이었다.

(3) 하나님에게 영광

- 구원받은 모든 그리스도인의 삶의 목적은 하나님에게 영광을 돌리고 기쁘시게 하는 것이다.
  ▶ 구약은 하나님을 열방에 알림으로 하나님에게 영광을 돌리는 찬양의 말로 가득하다(대상 16:8, 24; 시 57:9, 105:1, 108:3).
  ▶ 신약은 예수님이 기적과 이사를 행하신 후에(마 12:28) 하나님의 나라가 가까이 왔다는 것을 증거하심으로 하나님에게 영광을 돌

*** 재림(再臨)**
부활하시고 승천하신 예수님이 세상을 심판하시기 위하여 다시 오시는 것을 말하며, 공중 재림과 지상 재림이 있다.

*** 영광**
'빛나는 영예', '가치', '명성'을 가리키는 말로 성경에서 이 용어는 주로 하나님의 영광을 나타낸다.
본래의 의미는 성막 안 지성소 법궤 위에 임한 하나님의 빛을 가리킨다.

*** 마태복음 12:28**
"그러나 내가 하나님의 성령을 힘입어 귀신을 쫓아내는 것이면 하나님의 나라가 이미 너희에게 임하였느니라"

렸다고 기록한다.

• 선교가 하나님께 영광을 돌리는 것이 궁극적인 목적이라고 생각할 때, 선교의 관심은 사람이 아니라 하나님이다.

3) 선교의 대상

선교의 대상은 복음을 전해야 하는 모든 사람이다(마 28:19~20). 사도 요한은 선교의 대상을 구체적으로 "각 나라와 족속과 백성과 방언에서 아무도 능히 셀 수 없는 큰 무리"(계 7:9)라고 말한다.

복음서는 예수님의 십자가와 부활을 강조하였고, 부활하신 예수님은 선교를 강조하셨다. 선교의 명령은 너무 중요하기 때문에 모든 복음서에 나타나 있다(마 28:18~20; 막 16:15; 눅 24:44~49; 요 20:19~20; 행 1:8).

선교 명령을 구체적으로 언급한 곳이 마태복음(마 28:18~20)인데 여기에서는 네 가지 명령어 '가라', '제자를 삼으라', '침례를 주라', '가르치라'로 되어 있다. 사도들이 가야 할 지역으로 사도행전(행 1:8)은 '예루살렘', '유대', '사마리아' 그리고 '땅끝'을 언급하고 있다. 이 말씀을 통하여 복음이 전파되는 대상을 구분할 수 있다.

*** 십자가**
예수님이 죽음 당하신 형틀로, 예수님의 수난과 죽음을 통한 구원의 의미를 내포하고 있다.

• M-O 선교(예루살렘) : 교회 안에 있는 비신자에게 복음을 전하는 것이다.

• M-1 선교(유대) : 교회 밖에 동일 문화 속에 있는 비신자, 가족 그리고 친척에게 복음을 전하는 것이다.

• M-2 선교(사마리아) : 복음 전도자와 이웃하며 동일 문화권에 속한 민족이나 나라의 사람에게 복음을 전하는 것이다.

• M-3 선교(땅끝) : 문화가 전혀 다른 나라의 사람에게 복음을 전하는 것이다.

THE CHURCH AND WORLD

23과

교육과 봉사

1. 교육

1) 교사 되신 예수님

2) 교회 교육의 목표

3) 교회 교육에서의 교사

4) 예수님의 교육 원리

5) 교회 교육의 실제

2. 봉사

1) 봉사의 명령

2) 봉사의 필요성

3) 봉사의 방법

4) 봉사의 대상

5) 봉사의 실제

THE CHURCH AND WORLD

23과 교육과 봉사

1. 교육

예수님은 승천하시기 전 제자들에게 지상명령으로 "내가 너희에게 분부한 모든 것을 가르쳐 지키게 하라"(마 28:19~20)고 하셨다. 예수님은 사람들을 회개시켜 침례를 받게 한 후에는 '가르침'이 뒤따라야 함을 말씀하신 것이다.

초대교회에서는 사도들의 가르침을 받아 교제하고 성찬을 나누고 기도했다고 언급된 것(행 2:42)으로 보아, 가르치는 것이 초대교회의 주된 사역이었음을 알 수 있다. 교회의 가장 기본적인 사역은 복음 증거를 통해 새신자를 불러 모은 후 양육하여 신앙의 성숙을 돕는 일이다.

1) 교사 되신 예수님

예수님은 '선생'(눅 22:11)으로서 여러 도시와 마을에 다니면서 가르치셨으며, 성전에서도 가르치셨다(요 7:28). 예수님처럼 말씀을 전파하고

*** 교육(파이데이아, παιδεία)**
'가르쳐서 지능을 갖추게 한다'는 뜻으로 양육, 훈련, 가르침, 교정, 육성 등의 말과 같이 쓴다.

*** 마태복음 28:19~20**
"그러므로 너희는 가서 모든 민족을 제자로 삼아 아버지와 아들과 성령의 이름으로 침례를 베풀고 내가 너희에게 분부한 모든 것을 가르쳐 지키게 하라 볼지어다 내가 세상 끝날까지 너희와 항상 함께 있으리라 하시니라"

*** 선생(디다스칼로스, διδασκαλός)**
교회 직제 가운데 주로 교사에 대해서 쓰였으며, 스승 혹은 사도에 대해서도 쓰였다.

가르치는 것이 초대교회 사도들의 주요 사역이었음을 알 수 있다(행 5:42).

2) 교회 교육의 목표

(1) 성도를 온전케 함

• 예수 그리스도를 구주로 믿고 따르는 자는 그분의 장성한 분량까지 자라야 한다(엡 4:12~13).

• 성도는 예수님의 가르침을 배우고, 이를 훈련하여 온전한 신앙인이 되어야 한다.

＊온전함
하나님의 온전하심과 같이 온전함(마 5:48)을 의미한다.

(2) 봉사의 일을 하게 함

• 예수님은 섬기기 위해 이 땅에 오셨다. 그의 제자인 그리스도인은 예수님의 가르침을 따라 섬기며 살아야 한다.

• 교회는 모든 성도가 봉사하며 살 수 있도록 은사를 개발하는 기회를 주어야 한다.

▶ 베드로는 "각각 은사를 받은 대로 하나님의 여러 가지 은혜를 맡은 선한 청지기 같이 서로 봉사하라"(벧전 4:10)고 가르치고 있다.

＊봉사(διακονία)
하나님, 교회, 이웃 등에 대한 사랑과 섬김의 행위를 가리킨다.

(3) 그리스도의 몸 된 교회를 세우게 함

- 교회는 말씀의 가르침을 통하여 그리스도의 몸 된 교회를 세우고 확장시켜야 할 사명이 있다.

- 교회의 가르침은 그리스도의 몸 된 교회 안에서 성도를 권면하고 안위하는 데 도움을 주어야 한다.

- 교회는 예수 그리스도께서 다시 오실 때까지 이 땅에 하나님의 나라를 확장해 나갈 그리스도의 제자를 길러내야 한다.

3) 교회 교육에서의 교사

교회 교육에 있어서 예수님이 말씀하신 교사의 모습은 아래와 같다.

(1) 하나님의 교훈을 가르치는 자

- 참된 교사는 자기의 생각이 아니라 하나님의 교훈을 가르친다(요 7:16).

- 가르치는 일로 자기의 영광을 구하지 않는다(요 7:18).

- 단순한 지식 주입이 아니라 성경의 정신 및

＊요한복음 7:16
"예수께서 대답하여 이르시되 내 교훈은 내 것이 아니요 나를 보내신 이의 것이니라"

교훈을 가르친다(요 7:17).

(2) 하나님의 진리를 가르치는 자

- 교사는 성경의 진리를 가르쳐 학생이 그 안에서 바른 신앙생활을 누릴 수 있게 돕는 자이다(요 8:32).

- 교사는 하나님의 진리가 아닌 것을 가르쳐서는 안 된다.

(3) 하나님의 청지기

- 교사는 하나님의 자녀를 맡은 청지기로서 그들의 필요를 볼 줄 알아야 한다(눅 12:43).

- 학생을 잘 교육할 수 있는 지혜와 그들을 향한 진실된 마음이 있어야 한다.

(4) 세워주는 자

- 교사는 학생의 모든 것을 잘 파악할 필요가 있다.

- 학생이 자기 은사를 발견하고 개발하여 주님께 헌신할 수 있도록 돕는다.

(5) 격려자

- 교사는 학생에게 힘을 주고 격려하는 자이다.

＊청지기

큰 집의 가사를 책임지고 돌보는 사람으로 가내 종들에게 지시를 내리며 주인을 대신하여 가사 비용을 관리한다(창 43:19).

그리스도인은 하나님 앞에서 선한 청지기 직분을 지닌 자로서 시간, 재능, 물질 그리고 자신의 몸까지 드려 섬겨야 한다(눅 12:42; 엡 3:2).

▶ 예수님은 베드로가 물 위를 걷겠다고 했을 때, "넌 안 돼!"라는 말씀 대신 "오라!" 하시고 그의 믿음을 격려하셨다.

▶ 두려움으로 물에 빠진 베드로를 예수님은 손을 내밀어 붙잡아 주시며 그의 믿음에 도전을 주셨다(마 14:28~31).

(6) 선한 목자

- 교사는 학생이 신뢰하며 따르는 선한 목자이다(요 10:2~5).

- 교사는 학생을 위해 헌신하는 자이며 그들의 보호자이다(요 10:11).

(7) 상담자

- 교사는 학생의 입장에 서서 그들과 고통을 함께하는 자이다.

- 주님은 인간의 모든 문제에 대한 답을 갖고 계셨으며, 그 문제를 신뢰하고 맡길 수 있는 인격의 소유자이시다.

(8) 섬기는 자

- 교사는 학생 위에서 군림하는 자가 아니라 그들을 섬기는 자이다(막 10:42~45).

＊목자
소, 양, 염소와 약대 등 가축을 지키는 사람으로, 성도를 양으로 비유한 이래로 예수님을 목자로 부르게 되었다.

＊요한복음 10:11
"나는 선한 목자라 선한 목자는 양들을 위하여 목숨을 버리거니와"

＊마가복음 10:45
"인자가 온 것은 섬김을 받으려 함이 아니라 도리어 섬기려 하고 자기 목숨을 많은 사람의 대속물로 주려 함이니라"

• 교사는 학생의 인격을 존중할 줄 알아야 한다.

4) 예수님의 교육 원리

(1) 관심의 원리

• 주님은 사람의 일에 관심을 가지시고 그들의 관심사로부터 가르침을 이끌어 내셨다(눅 5:1~5).

(2) 눈높이 교육 원리

• 주님은 사람(니고데모)의 수준에 따라 가르침의 방식을 달리 하심으로 이해를 도우셨다(요 3:1~21).

(3) 참여의 원리

• 주님은 자신의 사역에 제자들을 동참시켜 배우게 하셨다.

• 주님은 사람으로 하여금 스스로 의문과 호기심을 가지게 하심으로 가르침에 참여하게 하셨다(막 4:10~12).

(4) 변화의 원리

• 주님의 가르침은 권세와 능력이 있어 사람(삭개오)의 생각과 행동에 변화를 촉구했다(눅 19:8).

＊니고데모
유대인 지도자로 산헤드린의 회원이었다. 자신의 구원 문제를 의논하기 위해 밤에 예수님을 방문하였다(요 3:1~14).

＊삭개오
세리장으로 여리고에 살았다(눅 19:5~8).

(5) 모본(模本)의 원리

• 주님은 친히 가르침의 모본이 되셨으며, 말과 행동이 일치하셨다(요 13:14).

(6) 관계의 원리

• 주님은 가르칠 때 사람과의 관계를 중시하셨으며, 사람을 차별하지 않으셨다(요 13:8).

(7) 인내의 원리

• 주님은 가르침에 서두르지 않았으며 가능성을 보시고 끝까지 포기하지 않으셨다(마 26:8; 막 10:35~45; 눅 9:45; 요 20:21~25).

• 주님은 열매 맺음에 성급하지 않으셨고, 열매를 맺기까지 수고하며 기다리셨다.

5) 교회 교육의 실제

(1) 교사의 자격

• 성경이 그리스도인의 신앙생활을 온전케 하는 참된 말씀임을 믿는 자여야 한다.

• 교사는 중생, 성령침례, 성령충만을 체험함으로 하나님의 말씀을 올바로 가르치는 자가 될 수 있다(딤후 3:15).

▶ 성령님은 말씀을 기억나게 하시고, 가르치

*** 요한복음 13:14**
"내가 주와 또는 선생이 되어 너희 발을 씻었으니 너희도 서로 발을 씻어 주는 것이 옳으니라"

*** 성령의 열매**
사랑, 희락, 화평, 오래 참음(인내), 자비, 양선, 충성, 온유, 절제(갈 5:22~23)

시고, 증거하시며, 장래의 일을 알려 주시는 교사가 되신다(요 14:26, 15:26, 16:13).

(2) 교육의 대상

- 교회의 교육은 전 성도를 대상으로 하는 것이어야 한다.

- 효과적인 교육을 위해서 성별, 연령, 학력, 경험 등을 기준으로 대상을 세분하여 적절한 교육 프로그램을 실시한다.

(3) 교육의 내용

- 교회 교육은 아래와 같은 내용을 포함한다.
  - ▶ 성경 교육 : 성경 통독, 큐티(Q.T, 말씀 묵상), 성경 연구, 주제별 연구, 성경 지리, 성경 인물, 성경 완독 등
  - ▶ 교리 교육 : 하나님, 예수님, 성령님, 구원, 교회, 종말, 이단, 오중복음, 삼중축복, 사차원 영성 등
  - ▶ 직책별 교육 : 교역자, 제직자, 지구역장, 평신도선교사(PMTC) 등
  - ▶ 주제별 교육 : 순복음 영성, 성령 치유, 사랑, 전도, 영적 전쟁, 가정생활, 결혼 등

*** 제직**
교회에 제반 직분을 맡은 사람을 의미한다. 목사, 장로, 권사, 안수집사, 주일학교 교사 등 여러 부류가 있다.

2. 봉사

1) 봉사의 명령

십자가의 고난을 앞에 두고 제자들의 발을 씻겨 주신(요 13:14~15) 예수님은 제자들에게 '서로 사랑하라'는 새로운 계명을 주셨다(요 13:34). 이 계명은 우리 가운데 서로 봉사하고 섬기는 삶을 살라는 가르침이다.

예수님은 '강도 만난 자의 비유'(눅 10:30~37)를 통해, 고난 당하는 자의 이웃이 되라고 하셨다. 이 말씀 또한 구체적으로 예수님의 사랑과 봉사와 섬김의 삶을 본받고 행하는 자가 되라는 가르침이다.

2) 봉사의 필요성

그리스도인의 봉사와 섬김의 목적은 하나님에게 영광을 돌리는 것이다(벧전 4:11). 성도의 섬김은 하나님의 약속에 대한 신뢰를 행위로 고백하는 것이다(잠 19:17, 22:9).

하나님이 성도에게 성령의 은사를 주신 이유는 성도의 덕을 세우기 위함만이 아니라, 교회와 이웃을 위해 살도록 하기 위함이다. 우리가 서로 섬길 때, 그리스도의 몸 된 교회도 하나님에게 영광을 돌리는 섬김의 공동체가 된다.

(1) 예수님의 섬김을 실현하기 위해

- 예수 그리스도를 닮기 원하는 그리스도인과 교회는 '섬기는 자'로서의 삶을 살아야 한다.

- 예수님이 섬김을 위해 이 땅에 오셨듯이 그리스도인은 하나님 나라의 사랑과 정의와 평화를 실현하기 위해 섬김과 봉사의 삶을 살아야 한다.

(2) 예수님의 지상명령을 준행하기 위해

- 하나님이 교회를 세우신 목적은 복음을 전파하여 세상을 구원하시는 것이다.

- 성도가 행하는 교회의 봉사는 궁극적으로 복음을 전하는 행위가 된다.

(3) 예수님의 사랑을 전하기 위해

- 봉사는 예수님이 전하신 하나님 나라의 복음을 실천하는 성격을 갖는다.

- 예수님은 가난하고 소외된 자에게 찾아가 친구가 되어 주셨으며, 그들에게 복과 치유를 선포하셨다.

- 교회와 성도는 어려움을 당하는 사람의 필요를 돌아보고, 그들에게 예수님의 사랑을 전하

기 위하여 봉사해야 한다.

3) 봉사의 방법

(1) 진정한 봉사

• 진정한 봉사란 크고 작음에 상관없이, 사람의 인정과 칭찬에 상관없이 은밀히 섬기는 것이다(마 6:3~4).

• 대가를 기대하지 않고 행하는 섬김이며, 공동체의 덕(德)과 다른 사람을 세우는 것이다.

(2) 성령의 은사로 하는 봉사

• 이는 봉사의 일을 하는 사람이 "하나님이 공급하시는 힘으로" 즉, 성령이 주시는 은사와 능력으로 섬기는 것을 말한다(벧전 4:10~11).

• 예수 그리스도의 이름으로, 그리고 성령의 능력에 의해 봉사를 감당할 때 참된 섬김의 삶을 살 수 있게 된다(엡 4:16).

4) 봉사의 대상

(1) 하나님께 대한 봉사

• 하나님의 택하심으로 구원을 얻은 하나님의 백성이 은혜에 감사하여 하나님을 섬기는 예

＊ 덕(德)

하나님이 주시는 은총의 결과로 이루게 되는 탁월한 성품을 말한다(잠 22:11; 빌 4:8; 벧후 1:3; 롬 14:19; 엡 4:29; 살전 5:11).

배가 봉사이다.

- 주님이 부활하신 날이요(눅 24:1), 성령강림의 날인 주일을 거룩히 구별하여 지키는 것이 봉사이다.

- 십일조와 헌물은 재정에 대한 우리의 신앙고백이며, 하나님의 축복의 약속에 대한 믿음의 봉사이다.
  ▶ 예수님은 보물이 있는 곳에 마음이 있다고 하셨다(마 6:19~21).

＊고백(告白)
1. 숨긴 일이나 생각한 바를 사실대로 솔직하게 말함
2. 하나님께 죄나 잘못을 솔직히 말함

(2) 성도에 대한 봉사

- 성경은 우리에게 주 안에서 형제 된 자들을 사랑할 것을 가르치며, 서로 사랑할 때 우리가 그리스도의 제자임을 세상이 알 것이라고 말씀한다(요 13:35).

- 성도의 섬김에는 성령님의 도우심이 반드시 필요하다. 우리는 성령님의 능력을 받아야만 봉사를 충성스럽게 감당할 수 있다.

- 교회에서 행해지는 모든 봉사는 '천국 복음을 온 세상에 전파하기 위해' 라는 한 가지 목표에 집중한다(마 24:14, 28:19~20; 막 16:15).

(3) 사회에 대한 봉사

- 구약에 나타난 사회봉사
  - ▶ 사회적 약자를 위한 섬김(고아나 과부, 나그네와 같은 자들을 위한 법률적, 경제적, 문화적 제도의 마련)과 사회생활의 개선을 위한 봉사였다.
  - ▶ 구약의 봉사는 신약의 영적인 봉사의 토대가 되었고 하나님의 샬롬이 충만한 하나님의 나라 건설을 위한 밑거름이 되었다.
  - ▶ 구약에서는 하나님의 공동체와 사회가 연계되어 사회봉사를 실시했고, 모든 백성에게 이를 행하도록 했다.

- 신약에 나타난 사회봉사
  - ▶ '이웃을 네 몸과 같이 사랑하라'(마 22:39~40)는 말씀은 무조건적이고 자기희생적인 사랑과 봉사를 의미한다.
  - ▶ 예수님은 양을 위해 목숨을 버리는 선한 목자셨고 섬김의 도를 다하셨다(요 10:15).
  - ▶ 바울은 가난한 사람을 돕는 것이 사도와 전도자의 의무임을 가르쳤다(갈 2:9~10).
  - ▶ 야고보는 고아와 과부를 돌보는 것이 정직하고 참된 경건이라고 하였다(약 1:17).

***사회(社會)**
모든 형태의 인간의 집단적 생활을 말한다.

***샬롬**
히브리어로 평강, 평화, 평안 등으로 번역된다.

5) 봉사의 실제

(1) 봉사의 실천 원리

- 예수님은 하나님의 일보다 하나님과 올바른 관계를 맺는 것을 원하신다.

- 예수님이 마리아와 마르다 자매의 집을 방문하고 말씀을 전하셨을 때, 마르다에게 봉사보다는 관계가 더 중요함을 강조하셨다(눅 10:38~42).
  ▶ 마르다처럼 봉사하는 일에만 분주하다가 주님과의 교제를 등한시할 수 있다.

(2) 봉사의 자세

- 사역자는 많은 일을 자랑하거나 업적 위주로 함으로써 자기의 가치를 높이려는 행위를 경계해야 한다.

- 봉사는 다른 사람에게 보이기 위하여 하는 것이 아니라 하나님에게 충성하는 자세로 해야 한다(고전 4:2).

- 봉사의 자세는 늘 '코람데오'로 하나님에게 드리는 자세여야 한다.

***고린도전서 4:2**
"그리고 맡은 자들에게 구할 것은 충성이니라"

***코람데오**
라틴어로 '코람'은 '앞에서'라는 뜻이며 '데오'는 '하나님'이라는 뜻으로, 두 말을 합치면 '하나님 앞에서'라는 의미가 된다.

(3) 봉사자의 품행

• 일도 중요하지만 품행이 바르지 못하면 일의 결과가 좋지 않고 오래가지 못한다(딤전 4:1~2).

• 가장 좋은 사역은 입으로 하는 것이 아니라 행실로 진실되게 하는 것이다(요일 3:18).

(4) 봉사자의 희생

• 사람은 나타난 결과만 가지고 '추수하는 자'에게 영광을 돌리지만, '씨 뿌리는 자'의 희생이 있었음을 알아야 한다.

• 교회가 부흥하고 발전하는 것은 이름 모를 봉사자들의 희생과 눈물, 기도가 있기에 가능하다.

• 하나님의 나라는 미래를 위하여 헌신과 희생으로 묵묵히 봉사하며 실천하는 자에 의해 이루어진다.

(5) 봉사자의 훈련

• 봉사자는 늘 겸손한 가운데 행해야 한다(딤전 6:4~5).

• 충분한 훈련 없이 봉사에만 열중하는 것은 위험하며 하나님의 영광을 가리게 된다.

*** 디모데전서 4:1~2**
"그러나 성령이 밝히 말씀하시기를 후일에 어떤 사람들이 믿음에서 떠나 미혹하는 영과 귀신의 가르침을 따르리라 하셨으니 자기 양심이 화인을 맞아서 외식함으로 거짓말하는 자들이라"

*** 요한일서 3:18**
"자녀들아 우리가 말과 혀로만 사랑하지 말고 행함과 진실함으로 하자"

*** 디모데전서 6:4~5**
"그는 교만하여 아무 것도 알지 못하고 변론과 언쟁을 좋아하는 자니 이로써 투기와 분쟁과 비방과 악한 생각이 나며 마음이 부패하여지고 진리를 잃어 버려 경건을 이익의 방도로 생각하는 자들의 다툼이 일어나느니라"

• 삶의 현장에서 참된 봉사의 모습이 나타나도록 충분한 말씀 훈련과 경건 훈련이 있어야 한다.

▶ 봉사자가 많은 일을 하다 보면 자신도 모르게 교만하거나 자기의 행위를 자랑하기 쉽다(딤전 6:4).

(6) 봉사의 장애

• 좋은 일을 성취하려고 하면 항상 장애물이 있는데 그것을 극복하지 못하면 더 나은 곳으로 전진할 수 없다.

▶ 봉사를 하는 사람 대다수가 자기도 모르게 행동주의라는 함정에 빠질 위험이 있다.

• 봉사는 은밀히 그리고 자원하는 심정으로 해야 한다.

(7) 봉사의 유익

• 그리스도인의 믿음은 봉사를 통하여 자라게 된다.

• 봉사를 통해 많은 것을 배우게 된다.

• 봉사를 하면 하나님이 주시는 기쁨으로 충만하게 된다.

▶ 봉사를 하면서 생기는 가장 큰 유익은 자

* **장애물(障碍物)**
1. 가로막아서 거치적거리게 하는 사물
2. 전투를 지연시키거나 방해하는 자연적이거나 인공적인 지형지물로, 강, 하천, 호수, 험한 산, 깊은 골짜기, 습지대, 철조망, 인공 낙석, 건물 등이 될 수 있다.

* **행동주의**
내면적인 의식이나 정서가 아니라 외적인 자극과 반응의 관계 속에서 객관적 행동을 강조하는 것을 말한다.

기 자신에게 기쁨을 준다는 것이다.

▶ 봉사는 스스로에게 기쁨을 줄 뿐만 아니라 다른 사람에게도 즐거움과 기쁨을 준다.

▶ 하나님에게 기쁨을 드리게 된다. 하나님은 우리의 섬김을 진정으로 원하신다.

(8) 전인적 봉사

• 대다수의 사람은 봉사를 소중한 것으로 여기지 않는 나머지 종이나 하부 직원, 어린 아이가 하는 것으로 생각한다.

▶ 사람들은 높은 지위에 올라갈수록 봉사하고자 하는 생각이 부족하고 단지 지시하고 감독하려고만 한다.

• 그리스도인은 전인적 봉사로써 어떤 위치에 있든지 육체적뿐만 아니라 정신적 및 영적으로 섬길 수 있어야 한다.

＊전인적(全人的)
인간을 구성하는 영 · 혼 · 육 모두를 일컫는 말이다.

THE
CHURCH
AND
WORLD

24과

사차원의 영적 세계

1. 사차원의 영적 세계

1) 인간 존재의 세계

2) 영의 지배를 받는 육의 인간 세계

3) 성령님이 지배하는 사차원의 영적 세계

2. 생각

1) 생각의 부정적인 요소를 긍정적인 요소로 바꾼다

2) 생각을 하나님의 말씀으로 채운다

3. 믿음

1) 눈에 보이지 않는 것을 실제화시킨다

2) 믿음으로 부정적인 환경을 이긴다

4. 꿈

1) 하나님의 기적을 꿈꾼다

2) 꿈꾼 것을 구체화시킨다

3) 십자가의 대속을 붙든다

4) 할 수 있는 일부터 실천한다

5. 말

1) 성령님의 능력과 하나님의 말씀으로 다스린다

2) 믿음의 말을 고백한다

3) 긍정의 말을 입으로 선포한다

4) 천국의 언어를 일상화한다

THE CHURCH AND WORLD

24과 사차원의 영적 세계

1. 사차원의 영적 세계

우리가 사는 세상은 보이는 물질 세계와 보이지 않는 영적 세계로 구분할 수 있는데, 보이지 않는 세계가 사차원의 영적 세계이다. 사차원의 영적 세계는 "보이는 것은 나타난 것으로 말미암아 된 것이 아니니라"(히 11:3)는 성경 말씀에 근거를 두며 이른바, '보이지 않는 세계'에 대한 탐구이다. 하나님은 그리스도인이 사차원의 영성을 가지고 삼차원의 현실 세계를 다스리며 살기를 원하신다(창 1:27~30).

*** 영적 세계**
보이는 물질 세계를 넘어서는 개념으로 보이지 않는 영이 존재하는 세계를 일컫는다.

1) 인간 존재의 세계

인간은 흙으로 지음을 받은 육체를 지니고 있기 때문에 삼차원의 물질 세계에 살고 있으며, 또한 하나님의 생기를 부여받은 영을 가졌기 때문에 사차원의 영적 세계에 속하기도 한다. 삼차원으로 볼 때 인간의 육은 죽어 흙으로 돌아가지만, 사차원적 존재인 영은 죽지 않고 영원히 살아있다. 성경에 의하면 인간의 삶은 사차원의 영적 세계에 의해 삼차원의 현실 세계가 창조되고 다스려지고 관리된다고 한다(창 1:27~30).

2) 영의 지배를 받는 육의 인간 세계

사차원의 영적 세계에는 모든 영적 세계를 다스리시는 하나님의 영역, 선한 천사와 타락한 천사(사탄)가 활동할 수 있는 중간 영역, 그리고 육을 입은 인간의 영이 활동할 수 있는 낮은 영역이 있다. 인간이 구원을 받으면 사탄의 영적 세계로부터 하나님의 거룩한 영적 세계로 옮겨지게 된다(골 1:13). 물질과 영, 두 영역을 모두 갖고 있는 인간은 영적인 삶에 의해 물질 세계를 지배할 수 있다.

사차원의 영적 세계에서 사탄의 지배를 받는 독재자와 전쟁을 일으키는 자는 많은 사람을 죽이고, 파괴하고, 멸망시키는 길로 이끌어 간다. 그러나 사차원의 영역 중에서 성령님의 지배를 받는 사람은 하나님의 맑고, 밝고, 환하고, 적극적이고, 긍정적이고, 창조적인 삼차원의 현실 세계를 만들어 간다.

3) 성령님이 지배하는 사차원의 영적 세계

삼차원의 세계는 사차원의 세계에 의하여 변화된다. 영이 물질을 지배하기 때문이다(히 11:3). 구원을 받은 사람은 예수님을 구주로 모셔 드리는 순간 하나님의 성령의 지배를 받게 된다.

하나님을 믿는 사람은 삼차원의 세계에 산다고 할지라도, 마음속이 성령으로 충만하면 언제나 하나님의 영향권 아래 있게 된다. 성령님이 성도의 마음속에 임재하시면(고전 3:16) 삼차원의 물질 세계를 지배할 수 있는 능력을 갖게 되며, 그 능력은 인간의 생각, 믿음, 꿈 그리고 말을 통하여 물질 세계에 영향을 미치게 된다.

＊사차원의 네 요소
사차원의 세계와 삼차원의 세계 사이의 통로는 네 가지를 들 수 있는데 생각, 믿음, 꿈 그리고 말이다.

2. 생각

사람이 살고 죽는 것은 생각에 달려 있다. 생각은 육적인 생각과 영적인 생각으로 나눌 수 있다. 성경은 성도에게 육적인 생각이 아닌 영적인 생각을 하며 살라고 말씀한다. "육신을 따르는 자는 육신의 일을, 영을 따르는 자는 영의 일을 생각하나니 육신의 생각은 사망이요 영의 생각은 생명과 평안이니라"(롬 8:5~6)

그러므로 성도는 생각의 부정적인 요소를 긍정적인 요소로 바꾸며 또한 생각을 영혼의 양식

＊생각
생각이란 우리가 어떤 경험이나 기억, 혹은 사고나 판단 등을 글이나 언어로 표현하기 전 마음속에 지니고 있는 것을 말한다. 우리는 삶 전체를 생각에 의존하며 생각이 의사소통과 행동으로 나타나게 된다.

인 성경 말씀으로 채우고 적용함으로써 건강한 삶, 성공적인 신앙생활을 영위해야 한다.

1) 생각의 부정적인 요소를 긍정적인 요소로 바꾼다

(1) 사람의 생각 속의 부정적인 요소

• 사람이 타락한 후로 생각은 근본적으로 부정적인 요소를 가지게 됐다.

• 사람 속의 부정적인 요소는 다른 부정적인 요소를 만들어 마침내 인간을 파괴한다.

• 생각의 부정적인 요소에는 분노, 두려움, 슬픔, 좌절 등이 있다.

▶ 분노는 다툼을 만들어 감정을 조절 못 하고 올바른 판단을 못 내리게 하여 끝내 하나님의 의에 이르지 못하게 한다.

▶ 두려움은 사람의 소망과 삶의 활력을 빼앗고 그 끝에는 형벌이 따라온다(요일 4:18).

▶ 슬픔이 마음에 가득하면, 사람을 부정적으로 만들고 인생이 무너지게 된다.

▶ 좌절은 삶에 어려움이 있을 때마다 희망을 잃고 포기하게 만든다.

▶ 사람의 생각 속에 있는 이런 부정적인 요소를 긍정적인 요소로 바꿔야 승리하는 인

*** 인간이 부정적이 된 이유**

최초의 인간인 아담과 하와는 하나님의 형상대로 창조되었기 때문에 긍정적인 인간이었다. 그러나 인간이 사탄의 유혹에 빠져 타락하자 마음속에 죄성이 자리하게 되었고, 죄성에 의해 인간은 매사를 부정적으로 생각하게 되었다.

생을 살 수 있다.

(2) 사람의 생각 속에 채워야 할 긍정적인 요소

- 사람이 죄를 회개하고 구원받게 되면 마음속에 성령님이 임재하심으로 모든 생각이 긍정적으로 바뀌게 된다.

- 긍정적인 생각에는 창조, 생산, 가능 등의 사고방식이 있다.
  - ▶ 성경은 시작부터 온 우주 만물을 창조하신 전능한 하나님의 형상대로 지음 받은 인간이 하나님의 창조의 능력을 부여받았다고 말씀한다.
  - ▶ 성경에서 보여주는 생각은 항상 생산적인 것으로, 우리가 구원을 받으면 말씀이 믿어지고 생산적인 생각을 하게 된다.
  - ▶ 우리에게 성령님이 임하시면 항상 '할 수 있다, 하면 된다'는 생각을 주시기 때문에 우리는 성령님 안에서 모든 일을 이룰 수 있다.

2) 생각을 하나님의 말씀으로 채운다

사람의 생각은 감정과 행동에 영향을 미친다. 좋은 것을 생각하면 좋은 행동이 나타나고, 나쁜 것을 생각하면 나쁜 행동이 나타날 확률이

높다. 생각은 또한 신체에 영향을 미친다. 생각에 의해 신체가 강건하기도 하고 병에 걸리기도 한다.

(1) 성경 말씀을 읽고 묵상한다

- 하나님의 말씀을 읽고 묵상하면 모든 일에 형통함을 누릴 수 있다(시 1:2~3).
  - ▶ 하나님의 말씀을 읽으면, 하나님의 복이 임하게 된다(계 1:3).
  - ▶ 하나님의 말씀을 암기하면, 죄를 멀리하며 거룩한 삶을 살 수 있고(시 119:9~11), 손에 검을 쥔 것과 같이 바르고 의로운 생각 가운데 살아 가게 된다(히 4:12).

＊ 히브리서 4:12
"하나님의 말씀은 살아 있고 활력이 있어 좌우에 날선 어떤 검보다도 예리하며 혼과 영과 및 관절과 골수를 찔러 쪼개기까지 하며 또 마음의 생각과 뜻을 판단하나니"

(2) 생각에 성경 말씀을 적용한다

- 하나님은 천지창조를 생각하신 후에 말씀으로 온 세상 만물을 창조하셨다.
  - ▶ 하나님의 말씀이 우리의 생각에 들어오면 창조적인 아이디어로 성공적인 삶을 살게 된다.

- 예수님은 광야에서 사탄의 유혹으로 시험을 받으실 때 하나님의 말씀을 이용하여 물리치셨다.
  - ▶ 성도도 악한 영의 세력과 대적함에 있어서 생각 속에 있는 하나님의 말씀을 사용해야

한다.

▶ 하나님의 말씀을 듣고 공부하면, 세상을 이기는 능력 있는 믿음을 얻게 된다(롬 10:17; 행 17:11).

3. 믿음

믿음은 삼차원의 세계에 사차원의 세계를 나타낼 수 있는 강력한 능력이다. 예수님은 "할 수 있거든이 무슨 말이냐 믿는 자에게는 능히 하지 못할 일이 없느니라"(막 9:23)고 하셨다. 예수님의 모든 삼차원의 기적은 사차원의 믿음으로 이뤄졌다.

짐승은 영이 없기 때문에 믿음이 없으며, 영혼을 가진 사람만이 믿음을 가질 수 있다. 사람은 믿음을 갖되 삼차원의 현실 세계를 움직일 수 있는 믿음이 필요하다.

1) 눈에 보이지 않는 것을 실제화시킨다

성경은 믿음을 "바라는 것들의 실상이요 보이지 않는 것들의 증거"(히 11:1)라고 정의하고 있다. 따라서 성도는 모든 것을 믿음의 눈으로 바라보고 행해야 한다. 믿음에 따라 살 때 바라는 것이 현실로 나타나는 능력의 삶을 살 수 있다.

(1) 믿음은 실체를 바라보는 것이다

- 기적은 사차원의 세계를 통하여 이루어지는 것인데, 성령님의 인도에 따라 이미 이루어진 것을 '바라봄' 으로 믿어야 한다.

- '바라봄' 과 '믿음' 은 동전의 양면과 같다. 바라보는 것은 사차원의 세계에 있지만 기적이 일어난 실체는 삼차원으로, 둘 사이가 믿음으로 연결되어야 기적이 나타난다.

- 믿음은 바라는 것들의 실상이므로 믿음으로 바라면 그 결과 보이는 증거를 체험하게 된다(히 11:1~2).

(2) 믿음은 심은 후 거둘 것을 기대하는 것이다

- 사람은 무엇을 심든지 그대로 거둔다. 적게 심는 자는 적게 거두고 많이 심는 자는 많이 거둔다(갈 6:7~9; 고후 9:6).

- 자연계의 농사 법칙은 영적인 세계에도 그대로 적용된다. 무엇을 심지 않고는 거둘 수 없고, 심는 대로 거두게 된다.

- 하나님 안에서 성령의 법으로 심고 믿음으로 기다리면 때가 이를 때 반드시 거두게 된다.

＊실체(實體)
언제나 있으며 없어지지 않는 것을 말한다. 변함이 없는 것으로, 본체(本體)라고도 한다.

＊바라봄의 법칙
바라봄의 법칙을 주장하는 사람은 하나님의 은혜 가운데 마음에 큰 뜻을 품고 대상을 바라보면 마침내 뜻을 이룰 수 있다고 믿는다. 바라봄의 법칙을 이룬 대표적인 성경 인물로 아브라함을 제시한다(창 13:14~17).

＊심고 거두는 법칙
열매를 맺으려면 반드시 씨를 심는 것이 자연의 법칙이듯이, 하나님 안에서도 심고 행한 대로 거두게 된다는 것을 원리화한 것

(3) 믿음으로 기도의 내용을 바꾼다

- 믿음을 가지고 우리의 기도 내용을 '청원 단계' 에서 '선포 단계' 로 변화시켜야 한다.

- 기도의 내용은 미래의 것이지만 이미 성취가 되었기 때문에, 현실은 그렇지 않다고 해도 성취된 것처럼 선포 기도를 해야 한다.

2) 믿음으로 부정적인 환경을 이긴다

우리가 믿음을 가지고 있다 할지라도, 절망적인 상황을 만나면 믿음을 지키기 어렵다. 보이는 삼차원의 모든 것이 우리의 생각과 마음을 부정적이고 혼란스럽게 만들어 놓기 때문이다. 눈 앞에 보이는 현상만 보지 말고 사차원의 영적 세계를 지배하고 계시는 하나님을 의지하며 불퇴전의 자세로 싸울 때 마침내 상황을 극복할 수 있게 된다.

(1) 불신의 환경을 극복한다

- 세상이 주는 상식과 지식은 우리의 현실을 절망으로 몰아가지만 우리는 믿음을 지키고 끝까지 인내해야 한다.

- 환경이 우리를 계속 억누를지라도 하나님의 말씀을 의지하며 믿음을 가지고 기적을 기대

*** 청원(請願)**
하나님의 백성이 하나님께 일정한 희망이나 의사를 기원하는 것으로, 성경에서는 신원(伸寃)이라고 표현하기도 한다(신 10:18; 잠 31:9; 살전 4:6).

해야 한다.

• 하나님은 우리에게 이겨낼 힘을 주시기 때문에 끝까지 인내하며 나아갈 때 마침내 승리할 수 있다.

(2) 믿어질 때까지 기도한다

• 말씀대로 기도했음에도 불구하고 응답에 확신이 없을 때가 있다. 사차원의 세계와 삼차원의 세계 사이를 막고 있는 장벽 때문이다.

▶ 성경은 기도할 때, '구하고, 찾고, 두드리라' (마 7:7~8)고 말씀한다.

• 문제의 장벽이 무너질 때까지 결사의 각오로 기도하면 마음속에 확신과 평안이 다가온다.

▶ 마음속에 확신과 평안이 오면 하나님이 싸움에 대한 승리의 표징을 주신 것이라 볼 수 있다.

• 믿음의 기도는 절대절망의 환경을 절대 희망으로 바꾸는 매개체이다.

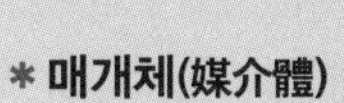

＊ 매개체(媒介體)

어떤 일이나 작용 등에 있어서 양쪽의 중간에서 서로를 맺어 주는 역할을 하는 것을 말한다.

(3) 믿음으로 승리를 체질화한다

• 우리는 믿음의 법칙을 통하여 승리를 맛보지만, 연약한 존재이기 때문에 또 쓰러질 수 있다.

- 우리는 쓰러질 때마다 말씀과 성령을 의지하여 믿음으로 다시 일어나 싸움으로 승리를 체질화할 수 있다.

(4) 믿음의 사람과 힘을 합한다

- 성경은 "하나가 천을 쫓으며 둘이 만을 도망하게 하였으리오"(신 32:30)라고 말씀한다.
  ▶ 믿는 자가 동역자와 함께 하나의 믿음으로 나아가면 훨씬 더 강력한 힘을 발휘할 수 있다.

- 믿는 사람이 함께 기도하고 교제를 나눌 때 세상과의 싸움에서 보다 쉽게 승리할 수 있다.

4. 꿈

성경은 "묵시(꿈)가 없으면 백성이 방자히 행하거니와"(잠 29:18)라고 말씀하고 있는데, 이는 하나님이 주신 사차원의 꿈이 없으면 삼차원의 현실 세계에서 바람직한 결과가 나타날 수 없다는 것을 암시한다.

사람의 미래는 그가 어떤 꿈을 갖고 있는가를 보면 알 수 있다. 상황이 아무리 어려워도 마음속에 하나님이 주신 꿈이 있는 사람은 언젠가 꿈이 현실로 나타나는 역사를 체험한다.

＊묵시(꿈)
계시는 하나님이 자신을 나타내신다는 의미이며, 묵시는 역사의 끝에 관한 계시이다. 따라서 계시는 넓은 뜻으로, 묵시는 좁은 뜻으로 사용된다.

＊방자히 행함
어려워하거나 삼가는 태도가 없이 무례하고 건방지게 행동하는 것을 말한다.

1) 하나님의 기적을 꿈꾼다

하나님은 모든 일을 가능하게 하시는 분이므로 능력의 하나님을 바라보고 기대하는 꿈이 있으면, 꿈은 우리를 기적으로 이끌어 간다. 꿈을 성취해 주시는 하나님을 믿을 때 꿈은 우리의 것이 된다.

2) 꿈꾼 것을 구체화시킨다

사차원의 꿈이 삼차원에 이루어지는 일은 뜬구름을 잡는 막연한 것이 아니라 실제로 일어나는 구체적인 일이기 때문에 사차원의 꿈 또한 구체적이어야 한다.

우리가 갖는 꿈은 다른 말로 '인생의 목표'라고 부를 수 있다. 인생의 목표인 꿈을 성취하기 위하여 구체적인 목표를 설정하고 늘 볼 수 있는 곳에 기록해 놓는다. 그리고 꿈을 바라보고, 생각하고, 성취됨을 믿고 기도하면, 꿈은 믿음을 생성시키고 성령님의 역사를 불러일으킨다.

3) 십자가의 대속을 붙든다

모든 사람은 작든 크든 각자의 꿈을 가지고 있고, 꿈의 성취를 위하여 노력한다. 그러나 성

도의 꿈은 자신의 노력이 아니라 예수님의 십자가 대속을 믿음으로 성취된다. 꿈의 성취를 위해서는 다음에 따라 행해야 한다.

- 주님의 뜻인지 분별해야 한다.
- 명확한 목표를 세워야 한다.
- 목표를 성취하기 위한 열정이 있어야 한다.
- 모든 일은 하나님이 함께 도우신다는 확고한 믿음이 있어야 한다.

4) 할 수 있는 일부터 실천한다

인생의 목표인 꿈을 성취하기 위하여 간절히 바라기는 쉬워도 그것을 위한 현재의 준비를 하기는 어렵다. 사람이 꿈을 가지고 있다면, 꿈이 실제가 되어 현재 나타난 것처럼 행동해야 한다. 작을지라도 꿈을 이루기 위한 일을 지금 행동에 옮기지 않으면 꿈은 그저 꿈으로 끝날 뿐이다. 실현하기 위해서는 실천으로 옮겨야 한다.

5. 말

성경에는 말의 위력에 대한 많은 언급이 있다. 대표적으로 잠언 18장 21절은 "죽고 사는 것이 혀의 힘에 달렸나니 혀를 쓰기 좋아하는 자는 혀의 열매를 먹으리라"고 말씀한다.

하나님의 형상으로 지음 받은 사람에게는 '말'에 의한 창조력이 내포되어 있다. 따라서 사람이 부정적인 말을 하면 부정적인 결과가 나타나게 되지만, 하나님의 능력을 힘입어 긍정적인 말을 하면 긍정적이고 생산적인 결과를 산출하게 된다.

1) 성령님의 능력과 하나님의 말씀으로 다스린다

말에는 힘이 있기 때문에 잘 관리되고 다스림을 받아야 한다. 말에 대한 가장 좋은 스승은 성령님으로, 그분에게 민감하게 반응하고 중요한 시기에 무슨 말을 할 것인가를 묻는다면, 합당한 말을 하게 된다.

이와 함께 성경 말씀을 읽고, 암기하고, 묵상하고, 성경이 주는 영감에 따라 말을 한다면 보다 능력 있고 지혜로운 사차원의 언어 생활을 하게 된다.

*** 영감(靈感)**

하나님이 전하기 원하는 것을 사람이 말하거나 쓸 때, 성령님이 개인적인 행동이나 인격을 무시하지 않고 그들을 활용해 지도하시는 특별한 감화이다(고전 2:13; 딤후 3:16; 벧전 1:10~11; 벧후 1:19~21).

성경은 진리이신 하나님이 '영감 있게' 기록하게 하셨으므로 충분히 신뢰할 수 있고 권위가 있는 책이다.

2) 믿음의 말을 고백한다

말은 환경을 이기는 영적 전쟁의 중요한 도구다. 말로 믿음을 고백하고 반복하여 시인하면 환경에 놀라운 변화가 나타난다. 뿐만 아니라 우리가 기도하는 중에 응답의 확신이 마음에 들어오면 그것이 이루어진 것처럼 명령해야 한다. 말로써 명령할 때 기도는 이루어지게 된다.

＊시인(是認)
어떤 내용이나 사실이 틀리다고 부정하는 뜻의 반대 개념으로 옳거나 그러하다고 인정함

3) 긍정의 말을 입으로 선포한다

예수님은 "할 수 있거든이 무슨 말이냐 믿는 자에게는 능히 하지 못할 일이 없느니라"(막 9:23)고 말씀하셨다. 이것은 믿는 자는 주님 안에서 언제나 긍정적이어야 한다는 사실을 뜻한다. 하나님은 우리가 매사에 긍정적이고, 적극적이고, 희망적인 말을 선포할 때 능력을 부어 주시고 일을 성취하게 해 주신다.

4) 천국의 언어를 일상화한다

각 나라마다 그곳에서 통용되는 말이 있다. 어느 나라의 말을 하느냐에 따라 사람의 국적이 구별된다. 성도는 하나님의 자녀로 신분이 변하였고 아울러 천국 시민이라는 새로운 국적을 소유하게 되었으므로, 언제나 천국의 말을 해야

한다. 천국의 말 중에 핵심은 감사와 사랑과 축복이다.

(1) 감사의 말

- 우리가 원망과 불평, 탄식의 말을 하면 하나님께서 기뻐하지 않으신다.
  - ▶ 우리가 긍정적으로 생각하고 감사하면 더 축복을 받게 되지만, 원망하고 불평하면 있는 것도 빼앗기게 된다(마 13:12).

＊마태복음 13:12
"무릇 있는 자는 받아 넉넉하게 되되 없는 자는 그 있는 것도 빼앗기리라"

- 우리에게 있는 것을 생각하며 하나님을 찬양하고 감사하면 하나님은 더욱 좋은 것으로 채워 주신다.

(2) 사랑의 말

- 하나님은 사랑(요일 4:8)이시기 때문에 사랑의 말을 하는 것은 하나님의 말을 대언하는 것과 같다.
  - ▶ 사랑이 담긴 말은 사람을 살리고 환경에 놀라운 생명의 역사를 가져온다.

(3) 축복의 말

- 하나님은 천지를 창조하신 후 마지막 날에 인간을 창조하시고 복을 주시며, 생육하고 번성하라고 하셨다(창 1:28).
  - ▶ 하나님이 사람에게 복을 선포하셨듯이

우리도 축복의 말을 해야 한다.

- 우리가 어떤 처지에 있든지 천국의 언어인 축복의 말을 하면 성령님은 기적을 베풀어 주신다.

THE CHURCH AND WORLD

25과

종말과 그리스도의 재림

1. 종말론의 이해
   1) 종말론의 의미
   2) 성경에 나타난 종말론

2. 재림의 목적과 시기
   1) 재림의 목적
   2) 재림의 시기

3. 재림과 연속된 사건
   1) 공중 재림
   2) 7년 환난
   3) 지상 재림

THE CHURCH AND WORLD

25과 종말과 그리스도의 재림

1. 종말론의 이해

1) 종말론의 의미

종말론은 세상의 마지막에 대한 교리이다. 기독교의 종말론은 세상에서 말하는 종말론과는 달리 영원한 진리의 말씀인 성경에 근거를 두고 있다. 기독교에서의 종말론은 "나는 처음이요 마지막이니"(계 1:17)라고 말씀하신 예수 그리스도께서 중심에 계신다. 종말에 나타나는 가장 중요한 사건은 예수님의 재림이며, 이는 복음의 핵심이자 그리스도의 신실한 약속이다.

2) 성경에 나타난 종말론

성경은 그리스도의 강림(降臨)에 대하여 여러 번 기록하고 있으며, 무엇보다 그리스도의 재림을 말세에 나타난 중요한 현상으로 보고 있다.

*** 종말론(eschatology)**
'마지막'을 의미하는 헬라어의 에스카토스(ἔσχατος)와 '주제'(主題) 또는 말씀을 의미하는 로고스(λόγος)에서 유래되었으며 그 뜻은 '최후의 일'에 대한 기독교적 이해이다.

*** 말세의 징조**

1. 적그리스도의 미혹
2. 난리와 난리의 소문과 전쟁
3. 기근과 지진 등 천재지변
4. 거짓 선지자들의 출현
5. 사람의 사랑이 식어짐
6. 온 인류에 복음 전파
7. 성도에 대한 핍박과 박해
8. 이스라엘의 회복

(1) 구약에 나타난 종말론

- 인간의 타락에 대한 창세기의 기사(창 3장)에서 여자의 후손(창 3:15)은 장차 오실 구속자인 메시아(그리스도) 예수님에 대한 약속으로 이어진다.

- 이사야는 메시아의 강림과 함께 이스라엘의 회복을 말하고 있으며(사 11:1~5), 예레미야도 장차 이스라엘이 회복될 것에 대해 언급하고 있다(렘 23:3).

- 다니엘은 하나님이 세우실 영광스러운 왕국이 도래하리라는 것과 그 왕국을 다스리실 구속자가 오실 것을 예언하고 있다(단 7:13~14).

- 요엘은 '주의 날'에 이스라엘의 원수에 대한 심판과 하나님의 백성에 대한 구원이 있을 것을 말하고 있다(욜 2:3, 11).

(2) 신약에 나타난 종말론

- 예수님은 세상에 계실 때, 하나님의 나라에 먼저 가셔서 우리가 있을 곳을 예비하신 후에 우리를 위하여 다시 오신다고 약속하셨다(요 14:2~3).

- 예수님은 복음이 모든 민족에게 전파될 것을

***창세기 3:15**
"내가 너로 여자와 원수가 되게 하고 네 후손도 여자의 후손과 원수가 되게 하리니 여자의 후손은 네 머리를 상하게 할 것이요 너는 그의 발꿈치를 상하게 할 것이니라 하시고"

***다니엘 7:13**
"내가 또 밤 환상 중에 보니 인자 같은 이가 하늘 구름을 타고 와서 옛적부터 항상 계신 이에게 나아가 그 앞으로 인도되매"

***요한복음 14:2~3**
"내 아버지 집에 거할 곳이 많도다 그렇지 않으면 너희에게 일렀으리라 내가 너희를 위하여 거처를 예비하러 가노니 가서 너희를 위하여 거처를 예비하면 내가 다시 와서 너희를 내게로 영접하여 나 있는 곳에 너희도 있게 하리라"

예언하시고, 그때가 세상의 끝이라고 하셨다(마 24:14).

- 종말에 있을 전쟁과 천재지변의 환난 때에 예수님은 구름을 타고 다시 오신다고 했다(마 24:9~30; 눅 21:23~27).

2. 재림의 목적과 시기

1) 재림의 목적

예수님이 재림하시는 목적은 인류의 가장 큰 원수인 사망권세를 멸하고(고전 15:25~26), 그리스도 안에서 죽은 자를 일으키며(살전 4:16~17), 그들을 영광스럽게 변화시키고(빌 3:20~21), 성도를 모아(마 24:30~31) 상급을 주시기 위한 것이다. 반면에 비신자는 형벌로 심판하시기 위하여 오신다(마 16:27).

2) 재림의 시기

정확한 시기는 예수님과 천사들에게조차 알려지지 않았지만(마 24:36), 전조에 대해서는 성경이 몇 가지를 기록하고 있다.

주님의 재림의 때는 노아의 때와 같이 세상

***마태복음 24:30**
"그 때에 인자의 징조가 하늘에서 보이겠고 그 때에 땅의 모든 족속들이 통곡하며 그들이 인자가 구름을 타고 능력과 큰 영광으로 오는 것을 보리라"

***재림에 대한 잘못된 주장**
1. 성령강림이 재림이다.
2. 성도가 죽을 때 재림이 있다.
3. 죄인이 회개할 때 재림이 있다.
4. 예루살렘 성이 파괴된 때에 재림이 있었다.

***마태복음 16:27**
"인자가 아버지의 영광으로 그 천사들과 함께 오리니 그 때에 각 사람이 행한 대로 갚으리라"

사람이 자신의 죄를 인식하지 못한다고 한다(마 24:37~39). 많은 사람의 사랑이 식고, 예수님을 믿는 자 중에 배교가 있으며, 적그리스도가 일어나게 된다(살후 2:2~3). 또한 세상 모든 민족에게 복음이 증거된 이후에(마 24:14), 주님이 하나님의 나팔 소리와 함께 강림하신다(살전 4:16~17; 고전 15:51~52).

3. 재림과 연속된 사건

우리가 살고 있는 교회 시대가 끝나면, 하늘에서는 예수님의 '공중 재림'이 있고 지상에서는 '7년 환난'이 시작된다. '7년 환난'이 끝난 후 예수님은 구원받은 성도와 천군천사와 함께 '지상 재림'을 하신다.

1) 공중 재림

'공중 재림'은 주님이 호령과 천사장의 소리와 하나님의 나팔소리로 하늘로부터 강림하시는 것이다(살전 4:16~17). 그때 기름이 준비된 성도들이 공중으로 들림 받아 썩을 몸이 썩지 아니할 몸으로, 욕된 몸이 영광스러운 몸으로, 약한 몸이 강한 몸으로 변하게 된다(고전 15:42~44). 육의 몸을 가진 인간이 그리스도와 같은 형상으로

＊마태복음 24:14
"이 천국 복음이 모든 민족에게 증언되기 위하여 온 세상에 전파되리니 그제야 끝이 오리라"

＊데살로니가전서 4:16~17
"주께서 호령과 천사장의 소리와 하나님의 나팔 소리로 친히 하늘로부터 강림하시리니 그리스도 안에서 죽은 자들이 먼저 일어나고 그 후에 우리 살아 남은 자들도 그들과 함께 구름 속으로 끌어 올려 공중에서 주를 영접하게 하시리니 그리하여 우리가 항상 주와 함께 있으리라"

변하여 영광에 이르게 된다(고후 3:16~18).

(1) 휴거의 의미

- 그리스도의 공중 재림 중에 먼저 주를 믿고 죽은 성도가 부활하고, 그때 육이 살아 있는 성도는 예수님 같이 육이 변화를 받아 공중으로 들려 주님과 만나게 되는데 이것을 '휴거'(携擧, rapture)라고 한다(살전 4:16~17).

- 환난이 있기 전, 예수님은 공중에 재림하셔서 성도를 공중으로 끌어올려 환난을 피하게 하신다.
  - ▶ 휴거할 수 있는 사람은 지혜로운 처녀들처럼 기름을 준비한 자들이다(마 25:1~12).

- 휴거는 교회의 머리 되신 예수님과 교회의 몸 된 성도 간의 결합, 신랑 되신 예수님과 신부 된 교회의 결합, 왕 되신 예수님과 그의 백성이 함께 거하게 되는 놀라운 사건이다.

- 휴거는 교회와 성도에게 있어서 가장 소망 넘치고 가슴 설레는 기대를 주며 황홀한 기쁨이 될 것이다.

(2) 휴거의 성경적 근거

- 교회는 그리스도의 몸이므로, 예수님이 십자

＊휴거(携擧, rapture)
그리스도의 공중 재림 중에 먼저 주님을 믿고 죽은 성도가 부활하고, 살아 있는 성도는 예수님 같이 육이 변화를 받아 공중으로 들려 주님과 만나게 되는데 이를 휴거라고 한다(살전 4:17). 이때 휴거할 수 있는 사람은 지혜로운 처녀들처럼 기름을 준비한 자들이다(마 25:1~12).

가에서 심판 받으신 이래로 두 번 심판받지 않는다.

▶ 교회는 7년 환난을 통과하지 않고 예수님의 공중 재림 때 휴거하여 공중으로 올라가게 된다.

• 예수님은 노아 때의 홍수 심판과 롯 때의 소돔과 고모라 심판의 예를 통해, 성도의 모임인 교회가 환난을 통과하지 않을 것을 계시해 주셨다(마 24:37~42).

▶ 예수님은 장차 올 모든 일을 피하고, 인자 앞에 설 수 있도록 기도하며 깨어 있으라고 하셨다(눅 21:34~36).

• 요한계시록의 7년 환난에 대한 기록에서 그리스도의 몸 된 교회라는 말이 언급되지 않고 있다(계 4~19장).

(3) 휴거의 상황

• 성도의 부활

▶ 하나님의 나팔 소리가 들릴 때, 예수님 안에서 잠자던 자들(죽은 자)은 일어날 것이며, 그리스도를 알지 못하는 자들은 계속 무덤에 있게 될 것이다(살전 4:16~17).

▶ 그리스도 안에서 죽은 자들의 육체는 예수님의 권능으로 회복될 것이다(겔 37:1~11).

***누가복음 21:34~36**
"너희는 스스로 조심하라 그렇지 않으면 방탕함과 술취함과 생활의 염려로 마음이 둔하여지고 뜻밖에 그 날이 덫과 같이 너희에게 임하리라 이 날은 온 지구상에 거하는 모든 사람에게 임하리라 이러므로 너희는 장차 올 이 모든 일을 능히 피하고 인자 앞에 서도록 항상 기도하며 깨어 있으라 하시니라"

• 성도의 들림 받음(휴거)

▶ 예수님 안에서 죽은 자들의 부활 후, 지상의 살아 있는 성도도 예수님과 같이 몸이 변화되어 휴거될 것이다(살전 4:16~17).

▶ 성경은 휴거를 롯과 노아의 때에 갑자기 일어난 사건에 비유하고 있다(눅 17:26~30).

• 들림 받은 자

▶ 들림 받은 성도는 어린양의 혼인 잔치에 참여한다. 신랑 되신 예수님과 신부 된 교회의 결합인 혼인 잔치는 모든 성도의 기쁨의 축제다(계 19:7~9).

▶ 성도는 구원 이후의 삶에 따라 상을 받게 된다. 예수 그리스도를 위한 수고와 노력에 따라 합당한 상급을 얻게 되는 것이다(고전 3:11~15, 15:41).

• 들림 받지 못한 자

▶ 성도의 휴거가 있은 후, 하나님은 공의로 지상을 심판하실 것이다.

▶ 7년 환난을 통과하는 동안에도 '이삭줍기' 같이 구원받은 성도가 얼마 정도 있을 것이다(계 7:13~14).

• 적그리스도의 출현

▶ 교회가 공중으로 휴거한 후, 즉 7년 환난의

＊상급(賞給)

1. 의의 면류관 : 선한 싸움을 싸우고 승리한 자(딤후 4:7~8)
2. 금 면류관 : 인격과 행위와 생활이 거룩하고 깨끗한 자(계 4:2~4)
3. 생명의 면류관 : 시험을 이기고 죽기까지 충성한 자(계 1:12, 2:10)
4. 영광의 면류관 : 양 무리를 잘 인도한 자(벧전 5:2~4)
5. 기쁨의 면류관 : 전도로 사람들을 회심하게 한 자(살전 2:19)
6. 썩지 않는 면류관 : 모든 일에 절제한 자(고전 9:25)

＊이삭줍기 성도

7년 환난 전에 구원받은 성도는 휴거하여 7년 환난 동안 공중에서 혼인 잔치를 치르지만, 구원받지 못하고 7년 환난 동안 지상에 남은 사람에게는 다시 한번 구원의 기회가 주어진다. 이삭줍기 성도는 이때 구원받은 자를 일컫는다.

시작과 함께 지상의 세계에는 어둠이 급속히 확산될 것이며, 적그리스도가 등장하게 될 것이다.

▶ 적그리스도는 환난기의 주역으로 그리스도를 대적하고, 지상의 인류를 복종시킬 것이며, 하나님과 그리스도에 대한 최후의 반격을 주도할 것이다.

▶ 적그리스도는 '불법의 사람' 곧 '멸망의 아들'로서, 짐승과 같이 잔인한 인격을 지니고 사탄의 권능을 입은 자이다.

2) 7년 환난

7년 환난은 예수 그리스도의 공중 재림과 지상 재림 사이의 기간에 임하는 것을 말한다. 휴거 된 성도가 어린양 예수 그리스도와 함께 공중에서 혼인 잔치를 하는 동안 지상에서는 7년 환난이 계속된다. 다니엘은 세상의 끝으로 '70 이레'를 언급하면서 '마지막 한 이레'에 대해 기록했는데(단 9:27), 다니엘서의 '마지막 한 이레'가 요한계시록의 '7년 환난'을 뜻한다.

(1) 7년 환난의 의미

• 하나님을 모르는 사람과 주 예수님의 복음에 복종하지 않는 사람에게 임하는 하나님의 진

＊적그리스도(anti-christ)

그리스도의 원수 또는 그리스도의 이름으로 '권리를 침해하는 자'라는 뜻이다. 성경에서 요한일서 2장 18~22절과 요한이서 1장 7절에만 언급되나, 이 단어가 함축하고 있는 의미는 성경 전체를 통하여 나타난다.

＊환난 때의 다른 표현

1. 노하심의 때(살전 1:10, 5:9)
2. 시험의 때(계 3:1)
3. 심판하실 기간(계 14:7)
4. 야곱의 환난의 때(렘 30:7; 습 14~15장)
5. 멸망의 날(욜 1:15; 살전 5:3)
6. 황폐되는 날(단 9:27)

노의 기간이다(살후 1:7~9).

- 휴거 된 성도는 예수님을 신랑으로 맞아 혼인 잔치에 참여하며 안식과 기쁨을 누리게 된다(계 19:7, 9).

- 하나님이 불순종한 사람에게 마지막으로 베푸시는 사랑의 표현으로써 회개의 기회가 주어지는 기간이다(계 7:13~14).

- 7년 환난 중에 어떤 이들은 극한 고통 속에서 하나님을 믿어 구원을 얻기도 하고, 어떤 이들은 죽음으로 순교하기도 한다.

(2) 7년 환난의 전개

- 요한계시록 6~19장에서는 지상에서의 7년 환난 동안 일어날 일을 기록하고 있다.

- 전 3년 반은 예수님의 오른손에 들려진 두루마리의 일곱 인을 떼는 것으로 시작되며 나팔 심판이 있게 된다(계 6~9장).

- 후 3년 반은 일곱 천사의 나팔, 일곱 천사의 대접 심판, 사탄의 멸망과 그리스도인의 승리로 끝을 맺는다(계 11~19장).

(3) 전 3년 반

- 어린양이신 예수 그리스도께서 일곱 인 중의 하나를 떼심으로 인 심판이 시작된다(계 6:1).

- 지상의 이스라엘 자손 열두 지파 중에서 '144,000명' 이 인치심을 받는다(계 7:1~8).
  - ▶ 이들은 이스라엘 각 지파에서 12,000명씩 뽑힌 사람들이다.
  - ▶ 이들의 증거로 인하여 "각 나라와 족속과 백성과 방언"에서 구원을 얻은 이들이 하나님과 어린양 예수님에게 경배를 드린다(계 7:9~10).

인 심판(계 6:1~7, 8:1~5)	심판의 내용
첫째 인과 흰 말 탄 자(6:1~2)	적그리스도
둘째 인과 붉은 말 탄 자(6:3~4)	전쟁
셋째 인과 검은 말 탄 자(6:5~6)	기근, 경제 파탄
넷째 인과 청황색 말 탄 자(6:7~8)	사망
다섯째 인(6:9~11)	순교자들의 탄원
여섯째 인(6:12~17)	천재지변
일곱째 인(8:1~5)	하늘이 반 시간쯤 고요해짐

- 일곱째 인을 떼실 때 하늘이 반 시간쯤 고요해지고, 하나님 앞에 서 있는 일곱 천사가 일곱 나팔을 받는다(계 8:1~2).

▶ 일곱째 인을 뗌과 동시에 일곱 천사가 일곱 나팔을 들고 하나님의 심판을 기다린다.

나팔 심판 (계 8:7~9:21, 11:15~18)	심판의 내용
첫째 나팔 심판(8:7)	피 섞인 우박과 불이 땅과 수목의 1/3을 태움
둘째 나팔 심판(8:8~9)	불 붙는 산과 같은 것이 바다의 1/3을 태움
셋째 나팔 심판(8:10~11)	횃불 같이 타는 큰 별이 강의 1/3이 쓴 물이 됨
넷째 나팔 심판(8:12)	해, 달, 별의 1/3이 어두워짐
다섯째 나팔 심판(9:1~2)	황충이 인간을 괴롭힘
여섯째 나팔 심판 (9:13~21)	유브라데 강에 결박된 네 천사가 놓여나 인간의 1/3이 죽음
일곱째 나팔 심판 (11:15~18)	주님의 진노가 내려 죽은 자를 심판함

• 하늘에서 힘 센 천사가 내려와 요한에게 작은 두루마리를 먹으라고 하자 그것을 받아 먹는다(계 10:8~9).

▶ 두루마리에는 앞으로 있을 '후 3년 반' 동안 일어날 일에 대한 예언의 말씀이 적혀 있다(계 10:11).

*** 두루마리**
현재와 같은 책이 있기 전에는 양피지에 글을 써서 둘둘 말아 보관했다. 이런 책을 두루마리 성경책(Scroll Bible)이라고 부른다.

(4) 후 3년 반

- 사도 요한은 환상 중에 성전과 제단에서 예배하는 자들을 측량하되, 성전 바깥은 측량하지 말라는 명령을 받는다(계 11:1~2).
  - ▶ 이 명령은 성전 안에서 하나님을 경배하는 사람만 보호하시고, 성전 밖에 있는 유대인이나 이방인은 3년 반(천이백육십 일) 동안 적그리스도의 손에 두시겠다는 뜻이다(계 11:3).

- 3년 반(마흔두 달) 동안 지상에 남아있는 사람들을 구원하기 위하여 두 증인이 예언할 것이다(계 11:3).
  - ▶ 그들이 증언을 마칠 때에 무저갱에서부터 올라오는 짐승이 두 증인을 죽인다(계 11:7~8).
  - ▶ 두 선지자가 죽은 이유는 땅에 사는 자들(적그리스도와 그 하수인)을 괴롭게 했기 때문이다(계 11:10).
  - ▶ 사흘 반 후, 죽임 당한 두 선지자에게 하나님으로부터 생기가 들어가 다시 살아서 하늘로 올라가게 된다(계 11:11~13).

- 일곱째 천사가 나팔을 불자 하늘에서 큰 음성이 나서 주님의 나라가 완성될 것을 선포한다. 이에 '이십사 장로'는 감사 찬송을 부르

＊ 무저갱(無底坑)
신약에서 무저갱의 의미는 불순종의 영들이 갇히는 곳이다(눅 8:31; 계 20:1).

며 하나님께 경배를 드린다(계 11:16~17).

- 하늘에 큰 이적이 나타나고, 해(태양)를 옷 입은 여자가 아이를 해산하는데, 붉은 용(사탄)은 아이를 삼키려고 하나 그 뜻을 이루지 못한다(계 12:1~4).
  - ▶ 아이는 '철장으로 만국을 다스릴' 예수 그리스도로 하나님의 보좌 앞으로 올라간다(계 12:5~6).
  - ▶ 용은 미가엘에 의하여 땅으로 내쫓기어 여자(이스라엘)를 박해하지만, 여자는 하나님께서 예비하신 곳에 들어가 후 3년 반 동안 양육을 받는다(계 12:6, 13~16).

- 바다에서 나오는 짐승과 땅에서 올라오는 다른 짐승은 땅의 사람들을 미혹하여 짐승(적그리스도)에게 경배하게 하며, 오른손이나 이마에 표를 받게 한다(계 13:15~18).
  - ▶ 표를 받지 못하면 매매를 못 하는데, 표의 이름은 짐승의 이름으로 사람의 수로는 육백육십육이다(계 13:17~18).

- 예수 그리스도가 후 3년 반 동안의 마지막 순교자들을 거두신 후에, 비신자들을 거두는 심판이 행해진다(계 14:14~20).

＊철장(鐵杖)

쇠로 만든 지팡이라는 뜻으로 철 지휘봉을 가리킨다. 이것은 강력한 권세를 의미한다.

＊보좌(寶座)

대제사장, 사사, 총독, 왕 등의 고위 인사나 권위 있는 사람이 앉는 자리 또는 의자를 말한다(창 41:40; 삼하 3:10; 렘 1:15; 마 19:28). 요한계시록에서 나타난 보좌는 모두 삼위일체 하나님이 좌정하신 자리를 의미한다.

＊미가엘

'누가 하나님 같은가'라는 뜻으로 성경에서 천군과 천사를 이끄는 천사장(천사 군대장관)을 의미한다.

• 하늘의 성전이 열리고, 네 생물 중 하나가 하나님의 진노를 담은 대접 일곱을 일곱 천사에게 전달함으로(계 15:6~8) 일곱 대접 심판이 시작된다.

대접 심판 (계 16:2~21)	심판의 내용
첫째 대접 심판(16:2)	독종
둘째 대접 심판(16:3)	바다가 피 같이 됨, 생물이 죽음
셋째 대접 심판(16:4~7)	강과 물의 근원이 피 같이 됨, 마시는 자들을 괴롭게 함
넷째 대접 심판(16:8~9)	해가 뜨거워져 사람들을 태움
다섯째 대접 심판 (16:10~11)	짐승의 왕좌에 대한 심판
여섯째 대접 심판 (16:12~16)	유브라데 강의 마름과 아마겟돈 전쟁의 심판
일곱째 대접 심판 (16:17~21)	지진의 심판, 예루살렘 성이 셋으로 갈라짐

• 일곱째 대접을 가진 천사가 사도 요한에게 음녀를 보여주는데, 그녀의 이마에 "땅의 음녀들과 가증한 것들의 어미"라고 써 있다(계 17:5).

▶ 음녀는 땅의 왕들을 다스리는 큰 성 바벨론으로 타락한 종교 단체로 볼 수 있는데

(계 17:18), 하나님의 심판에 의해 하루 동안에 멸망 당한다(계 18:8).

▶ 큰 성 바벨론의 멸망으로 땅의 왕들은 슬피 울지만, 하늘과 성도, 사도들과 선지자들은 공의로운 하나님의 심판을 보며 즐거워한다(계 18:20).

3) 지상 재림

어린양 예수 그리스도와 교회의 혼인 잔치 때가 이르러 신부 된 교회는 세마포 옷을 준비하는데, 이것이 성도의 옳은 행실이다(계 19:7~8). 공중에서 어린양의 혼인 잔치가 끝날 때, 즉 지상에서 7년 환난이 끝날 때 예수님은 들림 받은 성도와 함께 지상에 강림하신다.

하늘에서는 음녀인 큰 성 바벨론(세상에 있었던 다른 종교)의 심판에 대한 응답으로 찬양의 노래가 울려 퍼진다(계 19:2~5). 세마포 옷을 입은 하늘의 군대(천군 천사들)가 백마를 탄 예수 그리스도의 뒤를 따른다(계 19:11~16). 예수님의 강림은 지상에 남겨진 악의 세력과 그 군대를 멸하시기 위하여 지상으로 임하시는 것이다.

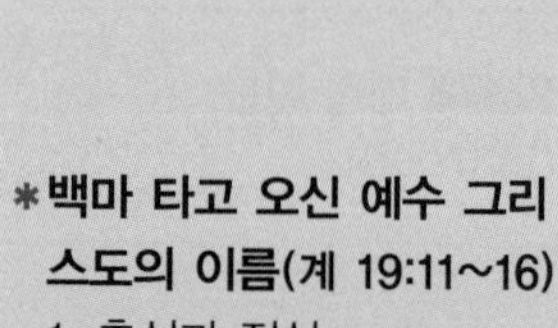

***백마 타고 오신 예수 그리스도의 이름(계 19:11~16)**

1. 충신과 진실
2. 알 수 없는 이름
3. 하나님의 말씀
4. 만왕의 왕
5. 만주의 주

예수 그리스도와 천군 천사들은 지상에 남겨진 악한 인류 세력과의 최후 전쟁인 아마겟돈 전쟁을 치르게 된다(계 19:19). 짐승(적그리스도)과 짐승의 표를 이마나 손에 받은 사람들은 예수 그리스도의 입에서 나오는 예리한 검으로 모두 죽임을 당하게 된다(계 19:21). 적그리스도와 거짓 선지자는 붙잡혀 산 채로 유황불 못에 던져지고(계 19:20), 사탄도 무저갱에 감금된다(계 20:1~3).

이후 그리스도의 천년 왕국이 건설되고 인류 최후의 심판인 백보좌심판이 있은 후, 마지막으로 새 하늘과 새 땅이 도래하게 된다(계 20~22장).

〈종말에 되어질 세계〉

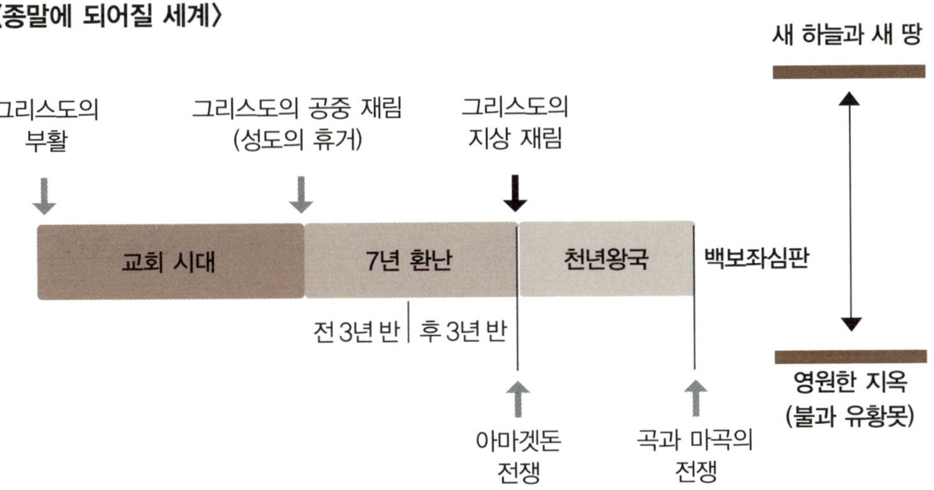

26과

천년왕국과 새 하늘과 새 땅

1. **천년왕국의 의미**
   1) 천년왕국의 의미
   2) 그리스도에 의한 공의와 평화의 통치

2. **천년왕국에 대한 견해**
   1) 무천년설
   2) 후천년설
   3) 전천년설

3. **천년왕국의 성격**
   1) 천년왕국의 특징
   2) 천년왕국의 통치 구성
   3) 천년왕국에서 일어날 일

4. **백보좌심판**
   1) 백보좌심판의 구성
   2) 백보좌심판의 의미

5. **새 하늘과 새 땅**
   1) 새 하늘과 새 땅
   2) 하나님의 선포
   3) 새 예루살렘

THE CHURCH AND WORLD

26과 천년왕국과 새 하늘과 새 땅

1. 천년왕국의 의미

1) 천년왕국의 의미

천년왕국은 요한계시록 20장 1~6절에 근거하고 있는데, 그리스도께서 지상에 재림하셔서 왕국을 세우고 '천년'의 기간 동안 부활한 성도와 함께 다스리게 되는 나라를 말한다(계 20:6). 부활한 교회의 성도는 그리스도와 함께 영화롭게 되어 천년 동안 왕 노릇하게 된다. 이 기간 동안 사탄은 무저갱에 갇히게 되며(계 20:2~3), 그리스도의 왕국은 정의와 평화가 가득한 나라가 된다.

＊요한계시록 20:6
"이 첫째 부활에 참여하는 자들은 복이 있고 거룩하도다 둘째 사망이 그들을 다스리는 권세가 없고 도리어 그들이 하나님과 그리스도의 제사장이 되어 천 년 동안 그리스도와 더불어 왕 노릇하리라"

＊무저갱(無底坑)
바닥이 없는 굴이라는 뜻으로, 신약에서는 불순종의 영(사탄과 귀신들)이 가는 곳을 말한다.

2) 그리스도에 의한 공의와 평화의 통치

그리스도의 통치는 정의와 공의를 가져온다(렘 23:5~6; 사 11:3~5; 시 72:1~8). 천년 통치 기간은 온 열방에 평화가 임하며(시 72장; 사 2:4, 9:5~6,

32:1, 17~18; 미 5:4~5), 천년왕국에는 기쁨과 행복이 충만할 것이다(사 9:2~4, 25:6~9, 35:10). 그리스도께서 다스리는 나라는 건강과 장수가 넘치는 번영의 나라이다(사 35:5~6, 65:20~22; 암 9:13~15; 슥 3:10, 8:12).

2. 천년왕국에 대한 견해

그리스도께서 통치하시는 천년왕국의 존재 유무 및 존재 시기에 대해서 다음의 세 가지 견해가 있다.

1) 무천년설(無千年說)

무천년설은 천년왕국(계 20:1~6)에 대한 문자적인 의미를 부인하고 상징적 의미를 인정하며, 그리스도의 지상 통치는 존재하지 않는다고 주장한다. 천년왕국을 단지 영적으로 해석하여 그리스도께서 성도의 마음을 다스리시는 영적 통치 기간으로 해석한다.

(1) 무천년설에 따른 종말의 순서

- 그리스도의 초림과 재림

- 성도의 부활

• 백보좌심판

• 새 하늘과 새 땅

(2) 무천년설의 특징

• 요한계시록에 나타난 사건을 역사적으로 해석하는 것이 아니라 하나님의 백성과 사탄의 세력 간 영적 투쟁으로 본다.

• 그리스도의 나라는 그리스도께서 지상에 계실 때 이미 세워졌고, 장차 도래할 세상에서 완전해질 것이라고 주장한다.

• 성경에 기록된 그리스도께서 통치하시는 천년왕국을 부인하는 무천년설은 성경적 근거가 약하다.

2) 후천년설(後千年設)

후천년설은 그리스도의 복음이 전파되어 온 세계가 복음화 되고, 악의 세력은 묶임을 받고 사탄의 힘은 제거된다고 주장한다. 온 세상이 복음화 된 이후 영적으로 충만한 천년왕국이 임하고, 그 후에 그리스도의 재림이 있을 것이라는 견해다.

(1) 후천년설에 따른 종말의 순서

- 복음의 확산으로 인한 세상의 변화

- 천년왕국

- 배교와 7년 환난

- 그리스도의 재림

- 성도와 악인의 부활

- 백보좌심판

- 새 하늘과 새 땅

(2) 후천년설의 특징

- 천년왕국은 모든 민족이 그리스도의 백성이 되어 풍성한 삶을 살게 되는 지상 천국을 말한다.

- 천년의 기간은 문자적으로 천 년이라기보다 오랜 기간을 의미한다.

- 하나님의 나라는 미래의 천상에 존재하는 것이 아니라, 지상에서 점진적으로 확장된다.

• 두 차례의 세계대전과 증가하는 범죄, 폭력, 핵무기의 위협은 이 견해에 대한 반론으로 제기된다.

3) 전천년설(前千年說)

전천년설은 지금의 교회 시대가 끝나면 예수님의 공중 재림과 성도의 휴거가 있다고 주장한다. 그리고 지상의 7년 환난이 끝나면 그리스도께서 지상에 재림하시고, 이어서 천년의 지상 통치가 도래한다는 견해이다.

(1) 전천년설에 따른 종말의 순서

• 그리스도의 공중 재림

• 성도의 부활 및 휴거

• 천상에서의 어린양의 혼인 잔치와 지상에서의 7년 환난

• 그리스도의 지상 재림

• 천년왕국

• 사탄의 일시적 석방, 곡과 마곡의 전쟁

＊어린양
요한계시록에서 어린양은 예수 그리스도를 의미한다.
"큰 음성으로 이르되 죽임을 당하신 어린 양은 능력과 부와 지혜와 힘과 존귀와 영광과 찬송을 받으시기에 합당하도다 하더라"(계 5:12)

• 사탄의 멸망

• 백보좌심판

• 새 하늘과 새 땅

(2) 전천년설의 특징

• 성경에 대한 문자적인 해석에 기초하여, 그리스도의 재림(공중과 지상 재림) 후 천년왕국이 도래한다고 주장한다.

• 사탄과 적그리스도와 그의 하수인인 거짓 선지자들은 묶임을 받고 무저갱에 갇히게 된다.

• 성경 전체에 나타난 예언에 비추어 볼 때 이 견해는 해석상 무리가 없다.

3. 천년왕국의 성격

천년왕국은 선지자들이 예언한 가견적(可見的)인 나라이다. 사탄이 결박되어 무저갱에 갇히고(계 20:1~3), 지상에는 그리스도의 천년 통치가 있을 것이다. "이리가 어린 양과 함께 살며, 암소와 곰이 함께 먹으며, 사자가 소처럼 풀을 먹을 것이며, 젖 뗀 어린 아이가 독사의 굴에 손을 넣

＊ **가견적**
눈으로 볼 수 있는

어도"(사 11:6~8) 해가 없는 시대가 될 것이다. 그리스도의 신부 된 교회(성도)는 그리스도와 더불어 왕 노릇하게 된다(계 20:4~6).

＊신부 된 교회
구원받은 성도의 모임만이 예수 그리스도의 재림 시에 신부 된 교회가 된다.

1) 천년왕국의 특징

(1) 창조질서의 회복

- 천년왕국은 온 천지 만물이 새롭게 되며, 타락 이전의 상태로 돌아가는 것이다.

- 아담의 타락으로 인한 모든 저주가 사라지고, 만물이 회복되며, 그리스도와 더불어 참된 복을 누리게 된다.

(2) 의와 평강의 나라

- 그리스도께서 다스리시는 천년왕국에는 하나님의 의와 평강이 넘쳐나게 된다.

- 인애와 진리가 같이 만나고 의와 화평이 서로 입맞춤하는(시 85:10), 하나님의 나라가 임하게 된다.

(3) 성령의 역사가 충만한 나라

- 천년왕국은 요엘의 예언이 완전히 성취된 나라로, 천년왕국에서 성도에게 역사하는 성령의 능력은 더욱 풍성하게 나타난다(욜 2:18~29).

• 성령으로 충만한 성도는 하나님을 찬양하며, 마음의 변화를 받아 왕 되신 그리스도께 온전히 순종하게 될 것이며, 만물은 그리스도의 발 아래 복종하게 된다.

(4) 이스라엘의 회복

• 유대인이 돌아오며(겔 36:24~28) 무너진 다윗의 장막이 회복된다(암 9:11~12; 행 15:16~17).

• 아브라함에게 약속하신 하나님의 축복은 천년왕국에서 완성된다.

2) 천년왕국의 통치 구성

(1) 통치자

• 천년왕국은 그리스도께서 다스리시는 나라이다. 선지자, 제사장, 왕이신 예수 그리스도께서는 하늘의 주권으로 온 땅을 다스리신다(사 9:6~7).

• 그리스도의 신부 된 모든 성도는 그리스도와 함께 영화롭게 되어 천년 동안 온 땅을 다스리게 된다(계 20:6).

(2) 통치의 범위

• 만유의 주재이신 그리스도의 통치 대상은

＊장막
1. 유목민, 목동, 군인들이 사용했던 이동식 주거지(창 4:20, 25:27; 삿 8:11)
2. 모세가 하나님의 지시대로 만든 이동식 성소(출 25장)

＊만유(萬有)
우주에 존재하는 모든 것

＊주재(主宰)
1. 구약에서 천지와 만유의 주재는 '하늘의 주재'로서 하나님을 뜻한다(창 14:19; 대상 29:12; 단 5:23).
2. 신약에서는 예수 그리스도를 지칭한다(유 1:4).

"하늘에 있는 자들과 땅에 있는 자들과 땅 아래에 있는 자들"(빌 2:10)이 된다.

3) 천년왕국에서 일어날 일(계 20:1~10)

(1) 심판하는 보좌

- 천년왕국에 들어갈 백성을 '심판하는 보좌들'이 있다. 천상에서 그리스도의 신부 된 성도는 그리스도와 함께 천년 동안 백성을 다스리게 된다(계 20:4).

(2) 첫째 부활

- 7년 환난 동안 죽임을 당한 자들이 먼저 일어나게 되는 것이다(계 20:4).

- 첫째 부활에 참여한 자들은 둘째 사망(불과 유황못)에 들어가지 않고, 그리스도와 더불어 천년 동안 이 땅을 통치하게 된다(계 20:6).

- 첫째 부활에 참여하지 못한 자들은 천년이 다 차기까지 일어날 수 없게 된다(계 20:5).

- 첫째 부활 때 구원받지 못한 영혼과 창세 이후 구원받지 못하고 죽어 음부에 있던 영혼(눅 16:23)은 천년왕국이 끝날 때 부활하여 백보좌 심판을 받고 불과 유황으로 타는 불 못에 던

***첫째 부활**
첫째 사망인 육의 사망 이후에 육은 죽었으나 영이 부활한 상태를 의미한다.

***둘째 사망**
육으로 죽은 사람의 영이 첫째 부활에 참예하여 새 하늘과 새 땅에 들어가지 못하고 불 못에 들어가게 된 것을 말한다.

***음부(陰府)**
죽은 자의 거처로, 예수님을 믿지 않고 죽은 영혼이 예외 없이 가는 지하 세계이다(창 37:35; 시 31:17; 사 38:10). 하나님 및 지상 사람과 교통이 단절되기 때문에 사람은 죽어 이곳에 가기를 두려워한다(시 6:5; 사 38:18). 그러나 예수님이 음부에 3일간 내려가셔서 음부의 열쇠를 가져오셨기에(계 1:18) 예수님의 지배는 그곳까지 미친다. 종말에 사망과 함께 음부도 불 못에 던져지게 된다(계 20:13~14).

져지게 된다(계 20:14).

(3) 곡과 마곡의 전쟁

- 천년왕국이 끝날 때, 하나님은 무저갱의 사탄을 잠깐 놓으시는데 이로 인해 '곡과 마곡의 전쟁'이 일어나게 된다(계 20:7~10).
  - ▶ 에스겔서에 의하면 곡은 하나님을 배반하고 대적하는 로스와 메섹과 두발 왕으로 불린다(겔 38:2).
  - ▶ 마곡은 그 왕이 왔던 지역(또는 백성)을 의미한다.

- 잠깐 놓임을 받은 사탄은 천년왕국의 백성을 미혹하여 하나님을 대적한다(계 20:8).
  - ▶ 전쟁에서 천년왕국의 백성은 예수님을 따를 것인지, 사탄을 따를 것인지 선택하게 된다.
  - ▶ 전쟁에서 사탄의 미혹을 받아 따르는 자의 수가 바다의 모래 같이 많게 된다(계 20:8).
  - ▶ 사탄의 편에 선 자들이 예수 그리스도와 그의 성도의 진과 성을 포위하지만 하늘에서 불이 내려와 태운다(계 20:9).
  - ▶ 천년왕국의 백성을 미혹하던 사탄, 적그리스도와 거짓 선지자들은 불과 유황못에 던져져 세세토록 괴로움을 받게 된다(계 20:10).

***불 못**

'유황 불 붙는 못'(계 19:20)이라고도 하는데, 이곳은 죄인의 종말적 형벌 장소이다(계 20:15).

***곡과 마곡**

곡은 로스와 메섹과 두발 왕으로 마곡이라는 곳에서 왔다. 에스겔서 38~39장은 그가 마지막 전쟁에서 야훼를 대적하여 싸우기 위해 일어난 악한 군대를 지휘한다고 말씀한다. 요한계시록 20장 8절에 의하면 마곡은 곡과 함께 천년왕국에 살던 사람을 대적하여 일어나는 왕국인데 그들의 공격은 실패하게 된다(겔 39:6; 계 20:10).

• 천년왕국에서 예수님을 따르던 성도는 영원한 새 하늘과 새 땅으로 들어가게 된다.

4. 백보좌심판

"한번 죽는 것은 사람에게 정해진 것이요 그 후에는 심판이 있으리니"(히 9:27)라는 말씀과 같이 모든 사람은 하나님의 심판대 앞에 서게 될 것이다. 백보좌심판은 모든 인류가 부활하여 자신의 행위에 따라 심판을 받는 인류 최후의 심판이다(계 20:12).

1) 백보좌심판의 구성

(1) 심판자

• 예수 그리스도께서 심판장이 되신다(행 17:31; 계 20:11).

• 그리스도께서 사탄을 불과 유황못에 던지시고 미혹을 받아 사탄을 따르던 자들을 심판하신다(계 20:10, 12~14).

(2) 심판받는 자

• 최후 심판으로 그리스도의 크고 흰 보좌 앞에 놓인 생명책에 의해 심판을 받는다(계 20:12).

＊요한계시록 20:12
"또 내가 보니 죽은 자들이 큰 자나 작은 자나 그 보좌 앞에 서 있는데 책들이 펴 있고 또 다른 책이 펴졌으니 곧 생명책이라 죽은 자들이 자기 행위를 따라 책들에 기록된 대로 심판을 받으니"

＊생명책
영생을 얻은 사람에 대한 하나님의 기록을 의미하는 비유적인 표현이다(빌 4:3; 계 3:5, 21:27).

• 모든 죽은 자에 대한 행위의 심판이다.

2) 백보좌심판의 의미

백보좌심판은 행위에 대한 심판으로 의인에 대해서는 상급을 확증하고, 죄인에 대해서는 영원한 사망을 확증하게 된다. 이것은 그리스도의 구속의 은혜를 받아들이지 않은 자의 완악함 때문이다.

＊모든 죽은 자
조용기 목사의 요한계시록 강해에 의하면 '모든 죽은 자'는 백보좌심판 앞에 부활하여 서 있고, 책들과 생명책에 의하여 '행위의 심판'을 받게 된다(계 20:12).

5. 새 하늘과 새 땅

사탄과 그를 따르며 그 표를 받은 자들에 대한 하나님의 심판이 있은 후, 성도를 위해 예비하신 새 하늘과 새 땅 그리고 새 예루살렘이 하늘에서 내려온다(계 21장). 어린양의 생명책에 이름이 기록된 사람은 눈물과 사망, 애통하는 것, 곡하는 것, 아픔이 없는 아름다운 곳에서 하나님과 함께 영원히 살게 된다.

1) 새 하늘과 새 땅

백보좌심판이 있은 후, 영원한 새로운 세계가 임하게 된다(사 65:17~25; 계 21:1~2). 믿는 자는 새로운 나라에 들어가 영원히 살게 된다. 새 하늘

과 새 땅은 우리 구주 예수님이 계시는 곳이다(요 14:2~3).

새 하늘과 새 땅은 이상적인 장소이다. 그곳은 "뜻이 하늘에서 이루어진 것 같이 땅에서도 이루어지이다"(마 6:10)라는 기도의 응답이 임하는 장소이다. 다시 말해 하나님의 기업을 물려받는 곳이며(롬 8:17), 하나님의 상급이 있고(마 5:12, 6:20), 하나님을 찬양하는 장소이다(계 19:1). 아름답고 웅장하며, 영광스러운 장소이다(계 21~22장). 주님께서 늘 함께하시고 백성의 눈물을 닦아 주시므로 결코 사망이 없으며 애통과 고통, 슬픔과 아픔이 전혀 없다(계 21:4).

2) 하나님의 선포

하나님은 만물을 새롭게 하겠다고 말씀하셨으며, 처음과 마지막이 되시는 예수님을 구주로 믿어 세상을 이긴 자에게 값없이 생명수를 주겠다고 하셨다(계 21:5~7). 그러나 두려워하는 자와 믿지 않는 자, 흉악한 자, 살인자, 음행하는 자, 점술가, 우상숭배자, 거짓말하는 자는 모두 불과 유황으로 타는 못에 들어가게 되는데 이것을 둘째 사망(계 21:8)이라 부른다. 첫째 사망은 몸이 죽을 때 영이 사람의 육을 빠져나가는 것이지만, 둘째 사망은 영원한 고통의 자리요 심판의 자리가 된다.

*** 요한계시록 21:6~7**
"또 내게 말씀하시되 이루었도다 나는 알파와 오메가요 처음과 마지막이라 내가 생명수 샘물을 목마른 자에게 값없이 주리니 이기는 자는 이것들을 상속으로 받으리라 나는 그의 하나님이 되고 그는 내 아들이 되리라"

*** 생명수**
하나님의 은혜를 상징하는 말이다(시 36:9; 렘 2:13; 계 7:17). 영적으로 목마름을 느끼는 모든 자에게 값없이 주어지는 것이다(시 63:1; 사 44:3; 계 21:6, 22:17).

*** 요한계시록 21:8**
"그러나 두려워하는 자들과 믿지 아니하는 자들과 흉악한 자들과 살인자들과 음행하는 자들과 점술가들과 우상 숭배자들과 거짓말하는 모든 자들은 불과 유황으로 타는 못에 던져지리니 이것이 둘째 사망이라"

3) 새 예루살렘

(1) 새 예루살렘의 도래

- 새 예루살렘은 새 하늘과 새 땅의 도성이 된다.

- 그리스도의 신부 된 성도는 신랑 되신 예수님과 하늘로부터 내려오는 새 예루살렘에 거하게 된다(계 21:2).

- 오직 하나님의 영광의 광채가 성을 비추게 된다(계 22:5). 처음 것 즉, 지금까지 있던 모든 것은 다 지나가고 완전히 새로운 세계가 된다.

(2) 새 예루살렘 성의 크기

"내게 말하는 자가 그 성과 그 문들과 성곽을 측량하려고 금 갈대 자를 가졌더라 그 성은 네모가 반듯하여 길이와 너비가 같은지라 그 갈대 자로 그 성을 측량하니 12,000스다디온이요 길이와 너비와 높이가 같더라 그 성곽을 측량하매 백 사십사 규빗이니 사람의 측량 곧 천사의 측량이라"(계 21:15~17)

- 12,000스다디온은 약 2,200km, 즉 5,500리가 된다. 따라서 새 예루살렘은 폭이 5,500리, 길이가 5,500리, 높이가 5,500리에 달하는 규모임을 알 수 있다.

＊스다디온

거리를 재는 로마의 단위로 한 스다디온은 현재 단위로 약 180m에 해당한다.

헬라어 '스다디온'(σταδίων)이 요한계시록 14장 20절에서는 '스다디온'으로 음역되었고, 마태복음 14장 24절에는 '수 리'로, 누가복음 24장 13절에서는 60스다디온을 환산하여 '오 리'로 번역하였다. 요한복음 6장 19절에서는 원문의 '25 내지는 30스다디온쯤'을 환산하여 '십여 리쯤'으로 번역하고 있다.

＊리(理)

한국에서 10리는 약 4km이다. 따라서 12,000스다디온 즉, 약 2,200km는 5,500리가 된다.

• 성곽은 144규빗(약 65m)으로, 성벽의 두께가 약 65m이다.

(3) 새 예루살렘의 모습

• 예수 그리스도의 신부 된 교회의 단장은 새 예루살렘의 단장과 같다.

▶ 성경이 새 예루살렘을 예수 그리스도의 신부로 지칭한 것은 이러한 이유에서다.

• 새 예루살렘은 실제적인 성이며, 온갖 보석으로 장식되어 있다.

• 성의 12대문에는 이스라엘 각 지파의 이름이 있으며, 기초석에는 12사도의 이름이 있다.

▶ 24장로의 이름은 구약의 대표인 12지파와 신약의 대표인 12사도이다.

▶ 24장로의 이름은 구약과 신약에 걸쳐 구원받은 모든 성도의 이름이 기록되었음을 의미한다.

• 성 안에는 수정 같이 맑은 강이 흐르는데, 하나님과 어린양의 보좌로부터 나온 강이 천국의 거리마다 굽이쳐 흐르고, 강가에는 생명나무가 있어 온 주변이 생명으로 충만하다(계 22:1~2).

*** 규빗(cubit)**

길이의 단위이며, 성인의 팔꿈치에서 중지까지로 약 45cm이다(창 6:16; 출 37:1; 마 6:27; 계 21:17). 이를 '보통 규빗'이라 불렀으며, 보다 더 긴 '큰 규빗'은 보통 규빗에 손바닥 길이를 더한 약 52cm다. 이것을 '왕실 규빗'이라고 불렀는데 에스겔이 성전을 잴 때 사용했다(겔 40:5).

*** 12사도**

예수님의 지상 사역(마 10:1~4; 막 3:13~19; 눅 6:12~16)과 장차 올 심판(마 19:28; 눅 22:30)에서 예수님을 돕도록 특별히 선택되었고 가르침을 받았다. 베드로, 세베대의 아들 야고보, 요한, 안드레, 빌립, 바돌로매, 마태, 도마, 알패오의 아들 야고보, 다대오, 가나안 사람 시몬, 그리고 맛디아이다.

*** 12지파**

믿음의 조상 아브라함, 이삭, 야곱의 혈통으로 야곱의 열두 아들에 의해 형성된 자손들이다. 지파 형성 과정에서 야곱의 아들 레위는 출애

• 새 예루살렘 성은 해나 달의 비침이 쓸데없는데 이것은 하나님의 영광이 온 성을 밝히고 어린양이 등불이 되시기 때문이다(계 21:23).

굽기 32장 26절의 사건을 통하여 제사장 족속으로 택함을 받았다. 요셉이 가족을 애굽으로 불러내어 가뭄에서 구원한 이후로 야곱은 요셉의 두 아들을 자신의 아들 반열에 올렸다. 따라서 레위 지파는 빠지고 에브라임과 므낫세의 요셉 2지파가 12지파에 합류하게 되었다. 이후 '12'라는 숫자는 택한 자, 즉 구원받은 자를 상징하는 숫자가 되었다(계 21:14).

*** 생명나무**

에덴동산에 있던 특별한 나무(창 2:9, 3:22, 24)로 잎과 열매가 있는데 그 잎은 만국을 치료한다(계 22:2).

27과

사후의 세계

1. 죽음

1) 일반적인 죽음
2) 성경에서의 죽음
3) 성도의 죽음과 악인의 죽음
4) 죽음에 대한 성도의 자세

2. 중간기 상태

1) 성도의 중간기 상태에 관한 묘사
2) 악인의 중간기 상태에 관한 묘사
3) 중간기에 대한 특징
4) 중간기 상태에 대한 잘못된 이해

3. 하나님 나라

1) 하나님 나라의 의미
2) 하나님 나라의 다른 표현
3) 하나님 나라의 삶

4. 불과 유황못

1) 불과 유황못의 의미
2) 성경에 나온 다른 표현

THE CHURCH AND WORLD

27과 사후의 세계

1. 죽음

1) 일반적인 죽음

우리는 날마다 주변이 언론 매체를 통하여 죽음을 접하지만 자신의 죽음에 대해서 생각하는 것은 싫어한다. 특히 노인 혹은 불치병으로 죽음이 가까운 사람은 자신의 죽음에 대해 논하는 것을 매우 불쾌하게 여긴다. 그러나 죽음은 세상 모든 사람이 대면하는 일이다.

(1) 생물체의 죽음

- 세상에 존재하는 모든 생물체는 동물이든 식물이든 언젠가 죽는다.

- 동식물이 죽지 않고 영원히 산다면, 지구는 동식물로 뒤범벅이 되어 동식물과 인간 모두가 살지 못하는 세상이 될 것이다.

• 생물체의 죽음과 탄생의 순환(循環)은 하나님이 만든 자연법칙에 따른 것이다.

* **자연법칙(自然法則)**
자연계의 모든 현상이나 질서를 지배하는 것으로 생각되는 본질적, 보편적, 필연적인 법칙을 말한다.

(2) 사람의 죽음

• 사람은 '죽음'을 생각하면 '끝', '종결', '영원한 이별'을 떠올리면서 무조건 외면하고 싶어 한다.

• 죽음은 사람에게 슬픔이요 괴로움이며, 두려움과 공포의 대상이다.

• 죽음은 누구에게나 예고 없이 찾아와서 사람을 당혹스럽고 불안하게 한다.

• 누구도 죽음을 피할 수 없고 모든 인간은 언젠가 반드시 죽는다.

2) 성경에서의 죽음

하나님이 창조하신 인간(창 2:7)이 타락하여 범죄한 이래로 인간에게는 육적인 죽음, 영적인 죽음, 영원한 죽음이 있다고 성경은 말하고 있다. 그러나 그리스도 안에서 성도의 죽음과 비신자의 죽음 사이에는 의미상 차이가 있다.

(1) 인간의 육체적 죽음

- 인간이 나이가 많아 육체적 기운이 쇠진하여 생물학적 기능이 정지된 상태이다(창 25:8, 35:29).

- 인간의 육은 흙으로부터 왔는데, 죽음은 자연의 순환으로 본래 있던 흙으로 다시 돌아가는 것이다(창 3:19; 시 104:29).

- 육체와 인간의 영이 분리되는 사건으로(고후 5:1), 육체는 흙으로 영은 하나님에게로 돌아가는 것이다(전 3:20~21).

- 지상에서의 삶을 종식하고 영원한 집으로 돌아가는 것이다(전 12:5).

(2) 인간의 영적 죽음

- 인간이 죄를 범하므로 하나님과 분리되고(롬 3:23), 예수님에 대한 믿음이 없는 것이다(요일 5:12).

- 육신의 생각은 사망이고 영의 생각은 생명과 평안인데(롬 8:6), 육의 생각인 세상 일락만 추구하며 사는 상태이다.

- 하나님을 아는 지식을 갖지 못하고(호 4:6), 하

나님의 생명에서 떠나 마음이 굳어진 것이다 (엡 4:18).

- 하나님을 아버지로 모신 사람은 모두 형제자매로서 사랑의 공동체를 이루어가야 한다. 사람과 사람 사이에 사랑이 없는 것은 사망 가운데 거하는 것이다(요일 3:14).

(3) 인간의 영원한 죽음

- 인간이 백보좌심판 앞에 설 때, 선한 일을 행한 자는 생명의 부활로 악한 일을 행한 자는 심판의 부활로 나오게 된다(요 5:29).

- 육적으로 한 번 죽고, 영적으로도 죽어 사망과 음부와 함께 불못에 던져지는 둘째 사망을 의미한다(계 20:14).

- 백보좌심판에서 생명책에 기록되지 못한 자는 불과 유황못에 던져진다(계 20:15).

3) 성도의 죽음과 악인의 죽음

(1) 성도의 죽음

- 죄에 대한 형벌로 육체의 죽음이 왔으나 그리스도 예수 안에 있는 자에게는 결코 정죄함이 없으며, 죄와 사망의 법에서 자유롭게 되었다 (롬 8:1~2).

＊요한일서 3:14
"우리는 형제를 사랑함으로 사망에서 옮겨 생명으로 들어간 줄을 알거니와 사랑하지 아니하는 자는 사망에 머물러 있느니라"

＊심판
모든 사람이 그리스도의 의로우심에 입증되도록 하나님의 심판대 앞에 서는 것을 의미한다(고후 5:10).

＊요한계시록 20:15
"누구든지 생명책에 기록되지 못한 자는 불못에 던져지더라"

▶ 구원받은 성도에게 죽음은 죄의 종말 곧 후패하여 썩어질 옛 사람의 종말을 의미하며, 새로운 세계의 시작과 성화의 완성을 의미한다(고후 4:16).

• 성도에게 죽음은 세상의 질고, 고통, 압제로부터의 해방이며, 동시에 위로와 안식에 이르는 영생(요 3:36)이요, 면류관을 의미한다.

(2) 악인의 죽음

• 하나님 앞에서 진 죄를 회개하지 않으므로, 하나님이 그의 생애를 마감시키는 것이다(시 7:12~13; 눅 13:3, 5).

• 악인의 죽음은 죄에 대한 하나님의 진노요 심판과 정죄이다(겔 3:19). 따라서 악인의 죽음은 죄와 필연적인 관계에 있다.

• 악인의 죽음은 영원한 형벌이며 다시는 구원에 이를 수 없는 길에 들어서는 것이다.

4) 죽음에 대한 성도의 자세

(1) 죽음을 항상 준비하고 살아야 한다

• 반드시 죽는다는 사실을 기억하며 육신의 정욕, 안목의 정욕, 이생의 자랑을 위해 사는 것

＊후패(朽敗)
썩어서 못 쓰게 됨

＊질고(疾苦)
질병으로 인한 고통

＊안식(安息)
이 말의 근원은 하나님이 세상을 창조하시고 일곱째 날 쉬셨다는 것이며, 사람에게도 쉬라는 의미로 이 말을 사용하셨다.

(요일 2:16)이 아니라, 보물을 하늘에 쌓아 두는 지혜로운 청지기가 되어야 한다(마 6:20).

- 육신의 죽음을 두려워하지 말고(마 10:28), 소망을 갖고 기다리며(잠 14:32), 본향으로 돌아갈 것을 사모하는 마음으로 임해야 한다(히 11:16).

- 죽음을 영원한 삶의 시작으로 여기고 주님이 예비하신 의의 면류관을 받기 위하여(딤후 4:6~8), 주님을 위하여 목숨을 버릴 각오로 살아야 한다(롬 14:7~8).

(2) 죽음을 편안하게 받아들여야 한다.

- 세상 악으로부터 벗어나 평안히 안식함을 기억하고 오히려 기뻐해야 한다(사 57:1~2; 욥 3:13).

- 먼저 하나님 나라에 가 있는 주 안의 가족과의 재회를 바라보며, 죽음은 결코 무서운 일이 아니며 환영하고 기뻐해야 할 영광스런 만남이라는 사실을 알아야 한다.

(3) 죽음이 새로운 삶의 시작임을 알아야 한다

- 모든 것은 끝이 아니고 새로운 삶의 연속이며 영원으로 들어가는 필수적인 과정이다.

- 사는 것이 행복이고 죽는 것이 불행이 아니

＊마태복음 6:20
"오직 너희를 위하여 보물을 하늘에 쌓아 두라 거기는 좀이나 동록이 해하지 못하며 도둑이 구멍을 뚫지도 못하고 도둑질도 못하느니라"

＊히브리서 11:16
"그들이 이제는 더 나은 본향을 사모하니 곧 하늘에 있는 것이라 이러므로 하나님이 그들의 하나님이라 일컬음 받으심을 부끄러워하지 아니하시고 그들을 위하여 한 성을 예비하셨느니라"

며, 살려는 것이 죽는 길이고 죽는 것이 실제로 사는 길이다.

2. 중간기 상태

중간기 상태란 인간이 죽은 후부터 부활하여 백보좌심판대에 설 때까지를 말한다. 이 기간 중에 성도의 몸은 무덤에 거하지만, 영혼은 낙원에 들어가서 최종 상태(계 21:1, 새 하늘과 새 땅)에 이르기를 기다리게 된다.

이때 악인의 몸도 무덤에 거하고 있으며, 그들 또한 영혼이 음부(눅 16:23)에 떨어져 최종 상태(계 20:14, 21:8, 불과 유황못)에 이르기를 기다리게 된다.

1) 성도의 중간기 상태에 관한 묘사

예수님은 거지 나사로와 부자의 비유에서 의로운 성도의 중간 상태를 '아브라함의 품'이라 하셨다(눅 16:23). 예수님과 함께 십자가 상에서 회개한 강도가 자신을 기억해 달라고 하자, "네가 나와 함께 '낙원'에 있으리라"고 하셨다(눅 23:43). 예수님은 천국 복음을 받은 성도가 '천국'에 들어갈 것이라고 하셨으며(눅 16:43), 죽은 나사로를 부활시키러 가실 때 죽음을 잠자는 것

＊중간기
성경에서 인간의 삶을 세 단계의 변화가 있는 것으로 나타낼 때 중간기는 둘째 단계에 속한다. 첫째 단계는 육체의 출생에서 사망에 이르는 기간으로, 현실 세계 안의 삶이다. 둘째 단계는 죽음과 부활 사이에 육체가 없는 삶이다. 셋째 단계는 부활한 몸으로 최종적이고 영원한 상태의 삶이다.

＊아브라함의 품
유대인은 신실한 자가 죽어가는 곳을 '아브라함의 품'이라 했다.

과 같다고 하셨다(요 11:11~14).

사도 바울은 "내게 사는 것이 그리스도니 죽는 것도 유익함이라(얻는 것)"(빌 1:21)고 했으며, 이는 현재보다 더 좋은 상태를 뜻한다. 또한 우리가 몸 안에 거할 때는 예수님과 따로 거하나(고후 5:6), 몸을 떠나면 주와 함께 거한다고 말한다.

＊나사로
'하나님이 도우셨다'는 뜻의 이름이며 마르다와 마리아의 형제로 베다니에 살았다. 그가 죽자 그리스도께서 조금 지체하신 뒤에 오셔서 친히 살리셨다(요 11:1~44).

2) 악인의 중간기 상태에 관한 묘사

중간기 상태를 하나님에게 불순종한 자가 갇혀 있는 '옥'(벧전 3:19~20)이나 '음부'(시 89:48; 호 13:14; 계 1:18)라 표현하고 있다. 음부라는 말은 구약에서는 '스올'(שאול)로, 신약에서는 '하데스'(ἁδης)로 표기되었다.

＊음부(陰府)
구약에서 모든 죽은 자의 거처로 나오며, 사후에 인간의 영혼이 가는 곳으로 여겨지는 지하 세계이다. 신약에서는 불신 영혼이 가는 곳으로 여겨진다(창 37:35; 시 31:17; 눅 16:23).

(1) 구약에서의 스올(שאול)

- '스올'은 무덤 혹은 죽음의 의미를 지니며(창 37:35, 42:38), 악인에 대한 '형벌'의 의미로도 쓰였다(시 9:17; 신 32:22).

- '무덤'의 뜻으로 사용되었을 때는 선한 사람의 영혼이 거하는 장소 등을 의미했다.
  - ▶ 신실하게 산 야곱도 자신이 죽으면 갈 곳이 스올이라고 하였다(창 37:35, 42:38, 44:29).
  - ▶ 의로운 욥도 죽으면 스올로 내려간다고 하

였다(욥 14:13, 17:13~16).

▶ 다윗도 죽으면 갈 곳이 스올이라고 하였다 (시편 18:4~5, 30:3).

(2) 신약에서의 하데스(ἀδης)

• 죽은 자의 영혼이 거하는 장소를 지칭할 때 언급하고 있다(눅 16:23; 마 5:22).

3) 중간기에 대한 특징

육신이 있을 때와 같이 주변 사람이 누구인지 알아보는 의식이 있다(눅 16:23; 시 17:15). 육신을 입고 있다가 중간기 상태에 들어가면 돌이킬 수 없으며(눅 16:26) 물질 세계에 속한 육체는 없어진다(고후 5:1~4). 의인에게는 축복이 되고(고후 5:8), 악인에게는 고통이 될 것이다(눅 16:23~24).

4) 중간기 상태에 대한 잘못된 이해

(1) 연옥(煉獄, purgatory)

• 로마 가톨릭 교리에 의하면 죽은 후에 하나님과 일치하기 위해서 정화(淨化)가 반드시 필요하다.

• 로마 가톨릭 교리에 의하면 연옥은 죄를 용

***고린도후서 5:8**
"우리가 담대하여 원하는 바는 차라리 몸을 떠나 주와 함께 있는 그것이라"

***로마 가톨릭**
교회는 크게 셋으로 분류한다. 로마가 동(東)로마 제국과 서(西)로마 제국으로 분리되면서 교회도 1054년에 동로마 교회와 서로마 교회로 분리되었다. 동로마 교회를 '그리스 정교회'라 불렀고, 서로마 교회를 '로마 가톨릭'이라 하였다. 로마 가톨릭이 부패하자 1517년 루터의 종교개혁을 통해 개신교가 시작되었다.

서받고 하나님과 화해했더라도 남아 있는 벌을 정화하기 위해 일정 기간 보내야 하는 장소이다.

- 연옥 교리에서 교회는 살아있는 사람과 죽은 사람 사이의 중개 역할을 한다.
  - ▶ 교회에 드린 예물이나 봉사, 친척의 기도, 미사에 의해 연옥에 머무는 기간이 단축될 수 있다고 말한다.

- 연옥 교리는 외경(外經) 마카비서하 12장 41~43절에 근거를 두고 있으나, 성경에는 이런 언급이 없다.

(2) 림보(limbo)

- 로마 가톨릭 교리에 의하면, 벌을 받지는 않아도 하나님과 함께 천국에 사는 기쁨을 누리지 못하는 영혼이 머무는 천국과 지옥 사이의 경계 지대이다.

- 림보는 다음의 두 종류가 있는 것으로 추정된다.
  - ▶ 예수님의 수난과 부활이 있기 전 옛 성현(의인)이 천국의 완전무결한 행복의 경지에 들지 못한 채, 영광의 날을 기다리면서 머물던 장소로 '고성소'라 불렀다.

＊연옥
천국과 지옥 사이에 있으며 일부 영혼이 존재한다고 로마 가톨릭에서 믿는 장소이다. 살아있는 자가 그곳에 있는 자를 위해 기도하거나 선을 행하고 미사를 드리면, 그들의 영혼이 정화될 수 있다고 믿는다. 그러나 성경은 분명히 죽음 이후에는 심판이 있을 뿐 제2의 기회는 없다고 말한다(히 9:27).

＊외경
개신교에서 성경의 기준이 되는 정경은 구약 39권 신약 27권이며, 로마 가톨릭에서 신구약 성경 외에 사용하는 성경을 외경이라 한다. 외경 중에는 토빗기, 유딧기, 마카비서 상·하권, 바룩서 등이 있다.

＊림보
'고성소'(古聖所)라 번역되는데 '경계' 또는 '접촉 부분'을 뜻하는 게르만어에서 유래했다. 림보라는 개념은 중세에 생긴 것으로 보인다.

▶ 실제로 죄를 짓지 않았지만 침례로 원죄를 씻지 못한 채 죽은 갓난아이가 머무는 '유아 림보'가 있다. '유아 림보'에는 영세를 받지 않고 죽은 아이뿐만 아니라 지적장애아도 머문다고 한다.

• 성경 어디에도 림보의 존재를 언급하지 않는다. 유아 림보는 가톨릭이 영세를 강조하기 위해 만든 교리이다.

＊영세(領洗)
가톨릭을 믿기 시작하는 사람에게 지금까지의 모든 죄악을 씻는다는 의미로 시행하는 의식

(3) 영혼수면설(Psychopannychy)

• 죽은 사람이 부활하여 최후의 백보좌심판대에 서기까지 의식이 없는 수면 상태로 지낸다는 이론이다.

▶ 성경 여러 곳에서 죽음을 '잠자는 것'(엡 5:14; 살전 4:13~15, 5:10)으로 언급하는 사실과 영혼은 육체를 떠나서 행동할 수 없다는 것에 근거하고 있다.

• 영혼수면설은 성경적인 견해가 아니다.

▶ 성경에서 인간은 죽는 즉시 천국이나 지옥으로 가고, 죽은 자도 분명한 의식을 갖는다고 말한다(눅 16:19~31).

(4) 영혼소멸설(Annihilationism)

• 인간이 죽으면 성도는 영혼이 부활하여 천국

생활을 하지만 지옥에 떨어진 불신 영혼은 소멸되어 사라진다는 이론이다.

▶ 여호와의 증인이 주장하는 교리로 '지옥에 떨어진 영혼이 죄의 형량이 끝날 때까지 형벌을 받고 소멸된다'는 주장이다.

• 성경은 의인뿐만 아니라 악인까지도 영혼은 영원히 존재하여 '고통과 형벌'을 받게 될 것이라 말한다.

3. 하나님 나라

1) 하나님 나라의 의미

넓은 의미로 하나님의 통치권이 미치는 곳, 즉 우주뿐만 아니라 사후 모든 영역을 가리키는 말이다. 전 영역에서 하나님의 통치권인 절대적 대권이 행사되는 '권능의 왕국'이다.

좁은 의미로 권능의 왕국 안에 하나님의 특별한 통치 대상인 하나님의 백성으로 구성되는 사회를 지칭한다. 하나님의 백성은 본래 죄인이었으나 하나님의 은총으로 죄 사함을 받고 하나님의 백성이 되었다는 의미에서 은혜의 왕국이라는 말을 쓰기도 한다.

예수님이 초림하실 때 천국은 각 개인에게 부

*** 소멸(消滅)**
사라져 없어진다는 뜻이다. 보통 물리적인 적용보다는 관념상의 용어로 쓰인다. 영영 사라져 버리는 것이므로 인간이 갖는 모든 관념 가운데서 가장 두렵다고 할 수 있다.

*** 영생(永生)**
영원한 생명, 영원한 삶 또는 예수를 믿고 가르침을 행함으로써 천국에서 영원히 사는 것을 말한다.

*** 불멸(不滅)의 존재**
육체의 죽음 뒤에 살아남은 영혼이 단순히 계속 존재하는 것이 아니라, 전인격적(지·정·의)인 자의식과 함께 그리스도의 구속과 영생을 소유함으로 축복받은 상태이다.

분적으로 임했으나, 예수님의 재림 때는 완전하게 임할 것이다.

2) 하나님 나라의 다른 표현

(1) 아버지 집

- 예수님은 자신의 죽음을 예언하시고, 제자들을 떠나 '아버지 집'에 가신다고 하셨다.
  - ▶ 그곳에 제자들의 처소를 마련하시고 그들과 함께할 것이라고 하셨다(요 14:2~3).

(2) 낙원

- 사도 바울이 돌에 맞았을 때 죽음의 문턱에서 경험한 곳이 '낙원'인데, 사람의 말로 표현할 수 없는 말을 들었다고 기록했다(고후 12:4).

(3) 성(城)

- 하나님이 계획하시고 지으실 '성'(城)이다(히 11:10).
  - ▶ 요한은 그의 환상 속에서 본 새 하늘과 새 땅의 수도인 새 예루살렘 성을 언급하고 있다(계 21:2).

(4) 새 하늘과 새 땅

- 종국적으로 믿음의 승리자가 거하게 될 새로운 장소는 하나님의 나라이다(계 21:1, 7).

*** 초림(初臨)**

예수님이 하나님의 아들로서 이 땅에 임하는 것을 강림(降臨)이라 하는데, 강림에는 초림과 재림이 있다. 초림은 예수님이 2천 년 전 십자가를 지심으로 인간을 구원하신 것이고, 재림은 성도에게 상급을 주시고 비신자에게 형벌을 주시기 위하여 종말에 오시는 것이다.

*** 요한계시록 21:2**

"또 내가 보매 거룩한 성 새 예루살렘이 하나님께로부터 하늘에서 내려오니 그 준비한 것이 신부가 남편을 위하여 단장한 것 같더라"

3) 하나님 나라의 삶

(1) 밤이 없고 하나님의 영광이 가득한 삶이다(계 22:5)

- 하나님 나라는 어둠의 세력인 죄악과 고통이 더 이상 없고, 하나님의 영광의 빛만이 가득하다.

- 인간의 언어로 표현할 수 없는(고후 12:4) 지극한 아름다움이 있는 삶이다(계 21:11~21).

- 구원받은 자가 세세토록 왕 노릇하는 삶이다(계 22:5).

(2) 부분적으로 알던 것을 확실히 아는 삶이다(고전 13:12)

- 하나님 나라에서 얼굴과 얼굴을 마주한 것처럼 확실하고 분명한 깨달음의 삶을 살게 된다.
  - ▶ 지상에서의 모든 의심이 낱낱이 드러나 완전한 진리를 알게 된다.
  - ▶ 성경에 있는 모든 난제가 드러나므로 더욱 확실히 하나님을 신뢰하며 살아가게 된다.

(3) 세상에서의 수고와 고통에서 완전히 해방된 삶이다(계 14:13, 21:4)

＊요한계시록 21:11
"하나님의 영광이 있어 그 성의 빛이 지극히 귀한 보석 같고 벽옥과 수정 같이 맑더라"

＊요한계시록 22:5
"다시 밤이 없겠고 등불과 햇빛이 쓸 데 없으니 이는 주 하나님이 그들에게 비치심이라 그들이 세세토록 왕 노릇 하리로다"

- 세상의 불안과 두려움, 투쟁과 경쟁, 고통과 괴로움이 없는 편안한 삶이다.

- 죽음이 없어 애통한 것이나 곡하는 것이 없고 언제나 평안과 기쁨의 안식으로 충만한 곳이다(계 21:4).

(4) 하나님에게 늘 찬양과 경배를 드리는 삶이다 (계 5:13, 7:15, 22:3)

- 하나님 나라는 할 일이 없어 인간을 권태에 빠지게 하는 비활동적인 삶을 사는 곳이 아니다.

- 큰 기쁨을 가지고 어린양 되신 예수님에게 찬송과 경배를 드리는 삶이다.

(5) 교제의 즐거움 가운데 있는 삶이다(살전 4:13~18; 요일 1:3)

- 교제는 인간에게 즐거움을 제공하는데, 하늘나라에서 갖는 사랑하는 이들과의 교제는 무한한 즐거움이 있을 것이다.

- 주님을 믿고 구원받은 사람은 하나님이 주시는 지혜와 기쁨이 충만한 삶을 살 것이다.

4. 불과 유황못

1) 불과 유황못의 의미

불과 유황못은 불법을 행한 자를 던져 넣는 곳으로, 억울하고 괴로워서 울며 이를 가는 곳이다(마 13:42). 영원한 형벌이 행해지는 곳으로 구원받지 못한 영혼이 거하며(계 20:14~15), 악인의 종말적 형벌 장소로 그들이 죽은 뒤 던져지는 못이다(계 19:20). 영원한 저주를 받는 곳으로, 저주를 받은 인간이 고통 가운데 거하게 된다. 불과 유황못의 삶은 어떤 사건으로 인한 절망이 아니라 절망 자체인데, 이는 그곳에 한 번 들어가면 다시 나올 수 없기 때문이다(눅 16:26). 또한 악에 대한 형벌이기 때문에 어떤 선한 것도 기대할 수 없다.

유황불(계 19:20)은 꺼지지 않으며 극한 고통을 준다(막 9:43 하). 구더기는 죽은 시체를 파먹고 사는 더러운 동물인데, 이것이 죽지 않고(마 9:48) 그곳에 있는 자의 몸을 파먹으므로 처참한 고통을 받게 된다. 더불어 마귀와 악한 영(귀신들)과 악한 사람의 영혼이 같이 거하기 때문에 서로 괴롭히거나 괴롭힘을 당하는 아비규환의 처소이다.

천국과 마찬가지로 지옥에서도 모든 지각과 감각을 느끼므로 끊이지 않는 고통을 겪게 된

＊아비규환(阿鼻叫喚)
여러 사람이 참혹한 지경에 빠져 고통 받고 울부짖는 상황을 비유로 이른 말

＊지옥(地獄)
구원받지 못한 사람이 가는 처벌의 장소이다. 성경에서 다른 말로 '영원한 불'(마 18:8~9), '꺼지지 않는 불'(마 3:12; 막 9:43), '불못'(계 20:14)으로 불린다.

다. 지상에서의 감옥은 언젠가 나올 수 있지만, 이곳은 한 번 들어가면 영원히 빠져나오지 못하기 때문에 절대절망에 처할 수밖에 없다.

2) 성경에 나온 다른 표현

(1) 힌놈의 골짜기

유아를 태워 제사 지낸 악한 죄를 범한 곳을 '힌놈의 골짜기'라 표현했는데, 그곳에는 도벳 사당이 있었다(렘 7:31~32).

(2) 불못

생명책에 기록되지 않은 자가 형벌을 받는 곳이다(계 20:14~15).

(3) 풀무불

남을 넘어지게 하거나 불법을 행한 자가 괴로워서 울며 이를 가는 곳이다(마 25:41~42).

(4) 지옥불

하나님과 더 이상 어떤 관계도 맺지 못하는 곳으로 '둘째 사망'이 임하는 곳이다(계 21:8).

*** 힌놈(골짜기)**
예루살렘 남쪽에 있는 골짜기(수 15:8, 18:16)로 이교적 의식이 거행된 곳이다(왕하 23:10; 대하 28:3; 렘 7:31, 19:2). 여기에서 지옥을 뜻하는 '게헨나'라는 말이 생겨났다.

*** 도벳**
'불 사르는 곳'이라는 뜻으로 사람을 몰록 신에게 제물로 바친 힌놈 골짜기에 마련된 제단의 이름이다.

*** 사당(祠堂)**
조상의 신주를 모신 집

*** 풀무불**
바람을 일으켜 더 뜨겁게 타오르게 한 불

THE
CHURCH
AND
WORLD

28과

이단

1. 이단의 정의

1) 언어적 정의
2) 성경적 정의
3) 신학적 정의

2. 이단의 발생 원인

1) 잘못된 성경 해석
2) 시한부 종말론

3. 이단을 분별하는 법

1) 표리부동의 정체가 특징이다
2) 교주의 신격화 및 과대망상이 특징이다
3) 계시 지향적인 체험신앙을 강조한다
4) 거짓 예언을 한다
5) 특수한 집단체제를 형성한다
6) 기독교의 기존 권위와 정통성을 무시한다
7) 성경 이외의 경전을 지닌다
8) 비윤리적인 특징이 있다
9) 금전을 강조한다
10) 반사회적인 행동을 정당화 한다

4. 한국에서 활동하고 있는 이단

1) 외국에서 들어온 이단
2) 한국에서 자생한 이단

THE CHURCH AND WORLD

28과 이단

1. 이단의 정의

이단이란 성경을 곡해하여 자기 주관대로 해석하고(벧후 3:16), 자신의 말을 하나님의 말씀으로 위장해 하나님이 세운 교회를 파괴코자 하여 다른 복음을 전하는 것이다(갈 1:7). 또한 절대적이며 온전한 진리(딤후 3:16~17)인 기독교 성경 신구약 66권을 가감(계 22:18~19)해 삼위일체 하나님을 부정하는 주장이다.

*곡해(曲解)
1. 사실과 다르게 잘못 해석하거나 이해하다.
2. 어떤 사실이나 내용을 실제와 다르게 잘못 이해하다.

1) 언어적 정의

(1) 헬라어 '하이레시스'(αἵρεσις)는 분파, 당파, 종파라는 뜻이다

- 성경 속 예로 유대교의 사두개인 당파(행 5:17), 바리새 당파(행 15:5) 등이 있다.

(2) 영어의 '헤러시'(heresy)는 정통의 가르침에 어긋나는 교의(敎義)나 교파(敎派)를 이르는 말이다

- 이단은 성경에서 유추한 잘못된 의견이나 가정(假定)을 자신들의 교리로 택한다.
  ▶ 자신들의 체계에 적합한 내용을 기독교 교리에 섞어서 잘못된 교리를 가르친다.

- 기성 교회 가운데 당파와의 불화로 인한 논쟁을 조성시키고 성도를 교회 밖으로 끌어내어 자신들의 집단에 편입시키고자 한다.

(3) 이단(異端)의 한자는 '시작은 같으나 끝이 다르다'는 뜻이다

- 한자로 '이단'의 뜻은 시작은 성경 내용과 부합하나 종국에는 성경에서 벗어난 잘못된 주장을 하는 것을 말한다.

2) 성경적 정의

예수님의 복음 외에 다른 복음은 있을 수 없다(갈 1:7). 그러나 교회에 다른 복음이 들어와 역사함으로 예수님의 증거를 혼란스럽게 했다(고후 11:13~14). 사도들은 성경을 통하여 다른 복음을 조심하라고 경고하였다.

(1) 이단은 성경을 왜곡되게 해석한다

- 왜곡은 하나님 말씀인 진리를 거역하고 인간의 사적인 탐심으로 지어낸 말이며, 진리에

*** 유추(類推)**
1. 끌어다 씀
2. 미루어 짐작함

어긋난 이론이다(벧후 2:3).

▶ 그들의 말은 비성경적이며 반(反)복음적이다(갈 1:7).

(2) 이단은 전통적인 교리를 부정한다

• 전통적인 교리란 사도 시대부터 내려온 제도와 관행을 말하는데 이단은 그것을 변경함으로 교회의 단결을 저해하고 분열을 조장한다(고전 1:11~12, 11:18~19; 벧후 2:1).

(3) 이단은 사적인 이득을 위해 공적인 손해를 끼친다

• 남에게 막대한 손해를 입히면서 자신을 위해서는 한없는 유익을 추구하는 자들이다(골 2:4; 딤전 6:5).

3) 신학적 정의

이단이 나타나기 시작한 초대교회 시대부터 심도 있게 연구한 교부(신학자)의 관점에서 이단의 신학적 개념을 찾아볼 수 있다.

(1) 이그나티우스(Ignatius)

• 이단이라는 말을 처음 사용한 교부 신학자다.

▶ 그는 저서에서 "이단은 교회의 단일성을 파괴함으로 기독교와 거리가 멀다"고 했다.

*** 관행(慣行)**
사회에서 일을 처리할 때 예전부터 내려오던 대로 하거나 관례에 따라서 하는 것이다.

*** 저해(沮害)**
어떤 일을 막아서 하지 못하도록 해치다.

*** 교부(敎父)**
1. 사도들의 직계 제자
2. 교리에 정통성을 가진 자
3. 교리 발전에 중요한 위치를 차지한 자

(2) 터툴리아누스(Tertullianus)**와 오리게네스**(Origenes)

- 이들은 이단이 "그리스도의 이름을 그릇되게 부르고 전통적인 성경의 올바른 가르침을 그르치는 교리"라고 했다.
  - ▶ 외부에 나타난 상황을 보고 이단을 언급하였다.

(3) 아타나시우스(Athanasius)

- 신학자 아리우스와의 논쟁에서 이단이 "기독교의 근본적인 교리에서 어긋나는 악마적인 이론"이라 말했다.

2. 이단의 발생 원인

대부분의 이단은 국내외를 불문하고 교회 내에서 발생하는 경향이 있다. 이단의 발생 원인은 아래와 같다.

1) 잘못된 성경 해석

이단은 성경에 예언된 말씀을 과도하게 해석하는 오류에서 비롯된다. 성경의 내용을 하나님 중심으로 사는 '신본주의 관점'으로 보는 것이 아니라 자신의 단체를 합리화하려는 '인본주의 관점'으로 본다.

2) 시한부 종말론

사람들에게 '시한부 종말론'을 주입시켜 불안을 조장하고 심판에서 벗어나기 위해 자신들의 단체에 들어와야만 한다고 주장한다. 이런 점에서 시한부 종말론은 세상에서 고통당하거나 미래에 위기의식을 갖는 사람들에게 적합한 '피난처'가 된다.

＊시한부 종말론
예수님의 재림의 시기를 정해 놓고 위기감을 고취시켜 사람들을 자신들의 뜻대로 다루려는 이론이다.

3. 이단을 분별하는 법

날이 갈수록 새로운 종파의 발생과 더불어 이단이 우후죽순 돋아나고 있다. 우리는 이런 상황에서 정통 기독교의 바른 신앙을 지키고 교회를 건전하게 육성하기 위해 이단을 식별하는 기준을 가져야 한다.

1) 표리부동의 정체가 특징이다

＊표리부동(表裏不同)
마음이 음흉하여 겉과 속이 다르다.

이단은 정체를 위장하고 교회에 침투하는 데 능하다. 16세기 종교개혁자인 칼빈도 "이들은 마스크(mask)를 쓰고 있다"고 했으며, 사도 시대의 이단도 동일한 모습을 나타냈다. 이에 대해 성경은 "가만히 들어온 사람 몇이 있음이라"(유 1:4)고 언급한다.

2) 교주의 신격화 및 과대망상이 특징이다

(1) 교주의 신격화

- 이단의 지도자는 자신이 초자연적인 능력을 받았거나 개인적으로 인치심을 받았다는 확신을 갖고 있다.
  - ▶ 교주는 자신에게 절대적인 복종과 순종을 하도록 성도를 교화시켜 나간다.

(2) 교주의 과대망상

- 사람들의 마음을 사로잡는 이단의 교주는 대부분 과대망상증 환자이며 임상심리학적으로 볼 때 심각한 성격장애자인 경우가 많다.
  - ▶ 이들은 하나님으로부터 특별한 소명을 받았고 꿈 등을 통해 신의 직접적인 계시를 받았다고 주장한다.
  - ▶ 대개 정식 교육을 받지 못한 자로 몽상적이며 현실 착각을 하는 경우가 많다.

*** 과대망상(誇大妄想)**
자신의 현재 상태를 실제보다 턱없이 크게 평가하고, 그것이 사실이라고 믿는 생각이다.

*** 임상심리학(臨床心理學)**
환자의 행동이나 정신의 이상, 부적응을 진단하고 치료해서 환경에 잘 적응하도록 하는 학문

3) 계시 지향적인 체험신앙을 강조한다

개인의 신비적인 체험신앙을 근거하여 주관적인 계시 사건을 일반화하며 신흥 이단운동의 기반으로 삼는다. 이들은 무분별한 신비적인 체험을 신적인 계시와 동일시하고 절대화 시키는 경향이 강하다.

4) 거짓 예언을 한다

자신들의 계시는 하나님의 영감에 의한 것이라 주장하며 개인이나 사회의 미래 사건을 예언한다. 사도 요한은 "영을 다 믿지 말고 오직 영들이 하나님께 속하였나 분별하라"(요일 4:1)고 하였다.

5) 특수한 집단체제를 형성한다

집단 공동체를 형성하는 데는 그들만의 선민의식과 배타주의가 깔려 있다. 그들의 판단은 독선적이기 때문에 어떤 충고나 조언도 듣지 않는다. 또한 스스로를 사회와 격리시켜 칩거하면서 특정 지역을 성역화 한다.

* **칩거(蟄居)**
전혀 외출하지 않고 집 안에만 틀어박혀 있는 상태

6) 기독교의 기존 권위와 정통성을 무시한다

정통 기독교의 가르침은 참 진리를 이탈했다고 강조하며 교회의 갱신과 새로운 진리 운동이 불가피하다고 주장한다. 기존의 기독교에 환멸을 느끼도록 성도를 유도하여 공격과 비난을 일삼게 한다. 나아가 기존 기독교를 위선과 거짓 종교 집단으로 몰아붙인다.

7) 성경 이외의 경전을 지닌다

이단은 공통적으로 성경 외의 계시에 의존하는 경향이 있다. 예를 들면 통일교의 '원리강론', 몰몬교의 '몰몬경', 여호와의 증인의 '새세계성경', 엘리야복음선교원의 '천국사람들' 등이 있다. 만약 특정한 경전이 없으면 교주의 설교집이나 저서를 성경의 권위와 동일하게 여기고, 성경은 그들의 주장을 뒷받침하는 참고문헌으로 사용한다.

8) 비윤리적인 특징이 있다

외형적으로 거룩한 것처럼 보이지만 윤리적인 결점을 갖고 있는 경우가 많다. 그들은 율법폐기론적인 사상을 갖고 있으며, 윤리와 도덕을 무시하고 비상식적인 행동을 일삼는다. 베드로는 거짓 사도들이 "육체를 따라 더러운 정욕 가운데서 행한다"고 했으며, "음심이 가득한 눈을 가지고 범죄하기를 그치지 않는다"고 했다(벧후 2:10, 14).

9) 금전을 강조한다

공통적인 특징 중 하나는 금전의 강조와 비리에 있다. 교주를 중심으로 교권 유지에 필요한

*** 정욕(情慾)**
이성(異性)의 육체에 대한 성적 욕망이나 마음속에 일어나는 여러 가지 욕구

자금 조달을 위해 성도의 맹목적인 기부와 헌금을 유도한다. 이러한 헌금과 기부금의 대부분은 교주와 그 중심 세력의 사치생활을 위한 자금으로 사용된다.

10) 반사회적인 행동을 정당화 한다

기존 사회 질서 유지에 관계없이 불법적인 행위를 자행한다. 남녀 간의 성 문란은 물론이고 가정 파괴 등의 반사회적인 행동을 동반한다. 그리고 비윤리적인 행동을 정당화 하면서 집총거부, 독신강조, 금욕주의 등도 나타난다.

*** 집총(執銃)**
총을 쥐거나 몸에 지니고 다니는 행동

4. 한국에서 활동하고 있는 이단

한국에 존재하는 이단은 외국에서 들어온 이단과 국내의 자생적인 이단으로 구분된다. 그러나 엄밀하게 조사해 보면 서로 연관성을 갖고 있는 경우가 많다.

외국에서 들어온 대표적인 이단은 여호와의 증인, 몰몬교, 안식교 등이 있다. 그리고 국내에는 통일교, 천부교(전도관), 엘리야복음선교원, 안증회, 구원파, 신천지 등 수많은 유명, 무명의 자생 이단이 산재해 있다.

1) 외국에서 들어온 이단

(1) 여호와의 증인

- 전 세계적으로 분포되어 있는데, 2014년 기준 세계 239개국에 전파되어 있다.

- 예배 장소를 '왕국회관'이라 부르며 그들의 포교지로는 〈파수대〉와 〈깨어라〉가 있다.

- 역사
  - ▶ 창시자는 찰스 테이즈 러셀로 1852년 2월 16일 미국 펜실베니아주 앨러게니에서 태어났다.
  - ▶ 러셀은 지옥의 공포와 그리스도의 재림, 안식교의 잘못된 가르침에 빠졌다.
  - ▶ 안식교 지도자 J. H. 페이튼의 저서를 읽고 그 내용을 기초로 하여 여호와의 증인의 기초 교리를 만들었다.

＊왕국회관
여호와의 증인에서는 모이는 장소를 교회라 하지 않고 '왕국회관'이라 부른다.

＊파수대
자매지 〈깨어라〉와 함께 여호와의 증인이 발행하는 출판물이다.

• 주요 교리 및 비판

교리	내용	비판
성경론	• 성경의 탁월성과 보편적 가치는 인정함 • 자신들에게 필요한 구절만을 뽑아 연결 지어 해석 • 자체 번역한 '새세계성경'만 사용	• 외형적으로 성경을 유일한 권위가 있는 책으로 보지만 사실상 그들의 교리 보조서임 • 성경은 부분이 아닌 전체를 보고 해석해야 함 • 잘못된 번역 성경을 사용
신 론	• 삼위일체 하나님을 부인 • 사탄은 하나님을 대적하여 경제, 정치, 종교 조직을 통해 세상을 지배 • 자신들이 하나님의 유일한 대표자라고 주장	• 삼위일체 단어는 성경에 없지만 세 분이 하나 되심의 내용은 여러 곳에 나와 있음 • 세상의 최후 승리자는 하나님이심
기독론	• 그리스도를 인간과 같은 피조물로 보며 육적 부활을 부인하고, 영적 부활만을 믿음 • 예수님을 인간이며 천사 미가엘과 같은 수준으로 봄	• 그리스도의 부활 자체가 신성을 증거 • 천사장 미가엘은 예수님과 동급이 못 됨
성령론	• 성령은 하나님의 뜻을 이루는 에너지 • 성령의 인격성을 나타내는 구절 왜곡	• 성령은 에너지가 아니라 인격적 하나님
구원론	• 인간의 노력으로 구원 가능 • 인간의 절대적인 헌신과 봉사로 구원 가능	• 믿음으로 구원을 받음 • 그리스도의 피 흘림 없이는 속죄 없음
종말론	• '지옥'이나 '영원한 심판'은 없으며 여호와의 기준에 미달된 사람은 모두 멸절됨 • 예수님과 통치할 하늘로부터 구원받은 성도 144,000명이 차면 종말이 온다고 주장	• 성경은 지옥과 영원한 (백보좌)심판이 있음을 언급 • 비구원자들은 불과 유황못에 들어감 • 그들의 구원받은 자들을 144,000명으로 규정짓고 시한을 정하는 것은 잘못된 입장

• 반사회적 주장 및 대처 방안

반사회적 주장	내용	대처 방안
국방의 의무 반대	• 군대 징집과 총기 훈련을 반대	• 이스라엘도 하나님의 공의를 위해 이방의 공격에는 전쟁을 필요로 했음
수혈 거부	• 수술 중에 피가 모자라 죽을 지경에도 수혈을 거부하게 함	• 수혈 금지로 사람을 죽이는 것은 또 다른 살인 행위임
국가나 정부 부인	• 국가나 정부를 '사탄의 세력'으로 보고 국가 체제를 거부	• 성경은 국가와 정부를 인정함 (롬 13:1)
가정 파괴	• 신앙의 이유로 이혼 종용 • 말세를 이유로 자녀 교육 반대	• 하나님이 가정을 창조하심 • 말세가 가까워도 할 일은 해야 함

(2) 몰몬교(말일성도예수그리스도교)

• 몰몬교는 성경에 대한 잘못된 해석과 기성 교회에 대한 불만에서 발생되었다.

• 성도는 헌신적으로 신앙생활을 해야 하며, 일평생 2년간은 반드시 자원하여 선교활동을 해야 한다.

• 역사

▶ 창시자 조셉 스미스는 미국 버몬트주 샤론에서 태어났고, 1820년에 환상과 계시를 받았다고 주장하며 1930년 몰몬교를 창시하였다.

＊몰몬경
(The Book of Mormon : 예수 그리스도의 또 하나의 성약)

몰몬경은 조셉 스미스가 하나님으로부터 보냄을 받은 사자 모로나이의 성역에 의하여 주어진 것임을 천명하고 있다.

▶ 한국에서는 한국전쟁 시 참전했던 미군 몰몬교도들에 의하여 시작되었다.

• 주요 교리 및 비판

교리	내용	비판
성경론	• 자신들이 번역한 성경만 믿으며, 몰몬경도 하나님의 말씀이라고 주장함	• 성경만이 유일한 하나님의 말씀이라는 기독교의 입장과 정면으로 배치됨
신 론	• 삼위일체 하나님을 삼신론적 견해로 이해함 • 하나님이 인간과 동일한 육체를 가짐	• 하나님의 성부, 성자, 성령의 개체성을 믿으면서 일체성을 부정하는 것은 성경에 위배됨 • 하나님은 육을 가지고 계신 분이 아님
기독론	• 예수님은 인간처럼 하나님에 의하여 영으로 지음 받았기 때문에 인간의 맏형이라고 주장	• 인간을 하나님이나 예수님과 같은 존재로 격상시키는 것이 이단성
구원론	• 구원은 죄 지은 인간이 천상에서 발전이 없기 때문에 진보를 위해 인간을 지상에 보내어 인내와 사랑을 배우게 하는 것 • 인간이 하나님에게 돌아가는 길을 모를 때 하나님이 예수님을 보낸 것이 구원	• 그리스도는 구원의 문만 열었고 인간이 자신의 노력으로 구원받는다는 것은 잘못된 주장 • 예수님의 십자가 공로를 믿음으로 구원받는다는 말씀에 위배됨
인간론	• 인간이 하나님의 자녀로서 노력하면 하나님과 똑같이 완전해질 수 있음 • 인간의 전생(前生)을 주장 • 인간은 부모 출산이 아닌 하나님이 낳음	• 인간은 행위로 신과 같은 존재가 못 됨 • 전생 이론은 성경에 없음 • 하나님과 같은 존재가 된다는 것은 인간의 피조성을 부인하는 결과를 초래함
종말론	• 미국에 시온성이 건설되면 그리스도께서 다스리는 천국이 됨 • 몰몬교에만 구원이 있고 그 외는 없음	• 주님이 최종적으로 다스리는 땅은 하늘에서 내려오는 새 하늘과 새 땅임 • 하나님은 몰몬교 성도만 구원하지 않으심

(3) 안식교

- 안식교의 원래 명칭은 '제칠일안식일예수재림교회'로 교육이나 의료 같은 사회사업에 힘을 기울였다.

- '안식일(토요일)이 아닌 주일(일요일)에 예배 드리는 것은 하나님의 계명이 아닌 인간의 계명을 따르는 것으로, 거짓 예배'라 주장한다.

- 역사
  - ▶ 창시자 앨런 화이트는 소녀 시절에 윌리엄 밀러의 잘못된 재림론에 영향을 받은 이후 23년간 2백 번이 넘는 환상을 보았다고 한다.
  - ▶ 그녀는 자신의 환상과 더불어 윌리엄 밀러의 '재림 예언', 에드슨(H. Edson)의 '하늘 지성소 환상', 베이츠(J. Bates)의 '안식일'의 내용을 나름대로 체계화했다.
  - ▶ 1904년 미국 이민을 가던 유은현과 손홍조가 잠시 일본에 머물다 안식교 전도사에게 침례를 받고 중도에 돌아온 후 시작되었다.

＊삼신론(三神論)

기독교의 삼위일체 하나님을 별개로 보는 논리이다. 기독교에서는 성부 하나님, 성자 예수님, 보혜사 성령님을 하나로 보고 있다.

＊밀러의 재림 예언

시한부 종말론에 근거를 두고 있다.

1. 그리스도의 재림이 1844년에 이미 이뤄졌다고 한다.

2. 이제 2차 재림을 기다린다.

3. 2차 재림은 밀러와 앨런 화이트의 예언을 전통적으로 따른다.

• 주요 교리 및 비판

교리	내용	비판
성경론	• 성경의 권위를 인정하면서도 앨런 화이트의 저서, 예언을 성경과 동일한 권위로 인정함 • 그녀가 쓴 책은 오류가 없음	• 성경과 동일한 권위를 가진 책은 없음 • 앨런 화이트는 성경 정경화 시기의 사람이 아니기에 그녀의 책에도 오류가 있음
기독론	• 그리스도의 죽음은 구속 사업의 시작이지 완성이 아님 • 죄는 그리스도의 죽음으로 해결되는 것이 아니기에 하나님의 심판대에서 판결	• 성경은 그리스도의 영원한 대속으로 구원의 조건이 충족된다고 함 • 행위가 아닌 믿음으로 구원받음
안식일	• 하나님이 천지창조 후에 안식하신 토요일이 안식일 • 다른 날을 안식일로 지키는 것은 율법을 어기는 죄임	• 토요일을 안식일로 지키는 것은 예수님을 믿는 기독교 전통에서 벗어난 교리 • '제칠일'(토요일)의 예배가 '구원의 조건'이라는 성경적 근거는 없음

2) 한국에서 자생한 이단

(1) 통일교

• 하와와 사탄이 간음해 낳은 것이 사람이라고 주장한다.

• 예수님이 마리아와 사랑을 했다는 터무니없는 주장을 하며, 예수님이 재림에 실패하자 하나님이 문선명을 재림주로 택했다고 주장한다.

＊원리강론(原理講論)
원죄를 지닌 인류를 구원하기 위하여 예수님이 오셨으나 육적 구원을 이루지 못해 다른 구원자로(피가름을 위하여) 문선명 교주가 왔다는 주장이다.

• 문선명은 스스로를 재림주라 여기며 자신과 접붙일 것을 요구한다.

• 역사

▶ 창시자 문선명(본명 문용명)은 1920년 평북의 농촌 마을에서 8남매 중 차남으로 태어났다.

▶ 해방 직후 김백문의 이스라엘 수도원에 들어가 '기독교 근본원리'를 배운 후, '원리강론'을 만들었다.

▶ 1954년 5월 서울 성동구 북학동에서 '세계기독교통일신령협회'라는 간판을 걸고 본격적인 포교 활동을 시작하였다.

＊김백문의 기독교 근본원리
동양철학의 역학사상에 기초를 두고 있으며, 인간과 자연을 유추해서 신을 정의하는 범신론적 신관이다. 인간의 타락은 혈연에 의한 성적 타락이라고 말한다.

＊성경에서의 창조론
하나님은 우주 만물을 창조하셨고 이를 유지하며 운행하고 계심을 알려 주셨다. 삼라만상의 질서는 하나님의 창조 증거물이다.

• 주요 교리 비판

교리	내용	비판
창조론	• 우주는 소성기, 장성기, 완성기로 창조됨 • 창조의 1단계 완료는 저녁, 2단계는 밤, 3단계는 아침으로 진화론과 비슷	• 하나님이 빛, 궁창, 땅, 동식물, 새와 물고기, 인간 순으로 창조한 창조론에 위배됨 • 진화론은 창조론에 위배됨
타락론	• 타락한 천사와 하와의 성적 불륜 • 아담과 하와가 성적 관계를 맺음으로 인류의 타락이 시작됨	• 타락한 천사와 육의 인간이 성적 관계를 맺었다는 것은 잘못된 주장
복귀(구원)론	• 사탄의 피를 가진 타락한 인간은 피가름으로 구원됨	• 피가름의 의미는 재림주(문선명)와의 성관계를 맺는 것으로, 성경적 구원론에 근본적으로 위배됨

신 론	• 모든 만물이 암수 양성(兩性)인 것은 하나님이 양성과 음성으로 조화된 분이시기 때문이라고 주장	• 하나님은 성(性)을 초월하신 유일신이심(사 44:6)
기독론	• 예수님의 신성을 부인하고 재림주 강조	• 예수님 이외 구원받을 다른 이름을 주신 일이 없음(행 4:11~12)
재림론	• 성경의 재림주를 믿으나 문선명 교주가 재림한 메시아라고 주장	• 인간이 재림주가 되는 것은 그리스도를 부인하고(요이 1:7), 자기를 신격화 하며(살후 2:4), 다른 교훈을 전하는(딤전 1:3) 성령 훼방죄(마 12:32)임

(2) 전도관(천부교)

• 역사

▶ 창시자 박태선은 1917년 평북에서 농부의 아들로 태어나 고향에서 소학교를 마치고, 동경에서 공업학교를 다녔다.

▶ 남대문교회에서 창동교회로 옮겨 장로가 되었고, 1955년 6월부터 기성 교회 비판을 시작했다.

▶ 전도관의 모체가 되는 '한국예수교부흥협회'를 조직한 후 1957년 11월 소사, 1962년에 덕소, 1970년에는 기장에 신앙촌을 건립하였다.

▶ 교리에는 성경을 변질시킨 오묘원리가 있다.

*** 천부교(天父敎)**
박태선이 세운 전도관을 다른 말로 천부교라 부른다.

*** 신앙촌**
천부교 성도가 모여 사는 신앙인의 마을로 천부교인의 성지이며, 기업을 통한 경제적 자립 위에 설립된 신앙 단체이다. 현재 제1, 제2 신앙촌이었던 소사, 덕소가 대규모 아파트 단지로 재개발되면서 부산 기장의 제3 신앙촌이 천부교의 성지가 되었다.

• 주요 교리 및 비판

교리	내용	비판
신 론	• 교주 박태선이 하나님이라 주장함 • 예수의 아비 하나님이 왕 마귀라고 함	• 사람이 하나님이 된다는 것이 이단 • 하나님이 왕 마귀라는 것 자체가 이단
인간론	• 선악과를 따 먹음으로 타락하게 된 아담의 피가 후손에 유전되어 모두 죄인이 됨	• 인류의 타락은 '피의 타락'이 아닌 '선악과를 따 먹은 불순종' 때문임
구원론	• 인간을 구원하려고 온 예수님도 죄인이기에 구원은 박태선을 통해서만 성취됨	• 오직 예수 그리스도를 믿음으로 구원을 받음(행 16:31)
기독론	• 구세주(메시아)는 예수님이 아니라 박태선이라고 함	• 박태선이 구세주가 된다는 근거는 성경 어디에도 없음
성경론	• 성경은 98%가 거짓이기 때문에 성경이 주는 유익은 없음	• 성경은 하나님의 감동으로 된 것으로 교훈과 책망과 바르게 함에 유익이 있음(딤후 3:16)

(3) 엘리야복음선교원(한국농촌복구회)

• 역사

▶ 창시자 박명호(본명 박광규)는 1943년 충남 보령의 가난한 산골 마을 농가에서 태어났다.

▶ 박명호는 자신이 처음 몸담았던 안식교를 이탈하여 엘리야복음선교원을 만들었다.

▶ 꿈속에서 안식교 목사들이 양떼를 멸망의 길로 이끌어 가는 것을 보고 사명감을 느

＊한국농촌복구회
이를 줄여서 '한농'이라 부른다.

껴, "엘리야의 하나님, 나를 엘리야로 보내소서"라고 외치며 단체를 만들었다고 한다.

▶ 엘리야복음선교원에서 엘리야복음선교회로 바꾸었다가 현재는 한국농촌복구회(한농)로 개칭했다.

＊대종교(大倧敎)
종교로 출발하였지만 일제(日帝)가 한국을 강점(强占)할 때 발생해서, 종교로서보다는 항일 독립운동에 더 많은 공헌을 했다. 국조 단군을 숭앙하는 단군교를 의미한다.

• 주요 교리 및 비판

교리	내용	비판
성경론	• 성경을 세 종류로 구분 : 1성경-천연계(자연계의 현상), 2성경-66권, 3성경-요한계시록 19장 10절의 '대언의 영'	• 성경을 1성경, 2성경, 3성경으로 구분하는 것은 오류 • 성경의 일부를 빼거나 더하는 것은 이단임
신 론	• 하나님은 우리를 낳은 친아버지라 함 • 예수님을 우리의 맏형으로 봄	• 대종교의 천부(天父)사상에서 온 것 • 하나님이 우리의 친아버지, 예수님이 맏형이 되는 것은 인간이 곧 신이라는 천도교 신관임
기독론	• 예수님이 인간과 다른 점은 성령으로 먼저 나고, 뒤에 인간으로 난 시간 차이임	• 예수님을 모독하는 교리임 • 예수님의 신성과 인성 중 인성만 강조
성령론	• 교주는 성령이 '나의 엄마'라고 고백함 • 성령을 '여성신', '신부의 신', '모성신', '참어머니'로 묘사하며 통일교의 주장을 답습함	• 성령님은 삼위일체의 한 분으로 여성 대명사로 지칭되지 않음
교회론	• 기성 교회는 모두 마귀가 만든 것	• 예수님과 몸 된 교회를 짓밟는 행위
구원론	• 교주의 말을 따르는 무리 144,000명만 구원받음	• 하나님의 구원의 보편성을 무시하는 것

(4) 기독교복음침례회(구원파)

- 구원파는 '깨달음의 교리'로 거듭나야 구원을 받는다고 주장한다. 인간이 육적인 생일을 기억하듯이 영적 생일(구원받은 연월일)을 기억하는 것은 구원받은 증거라고 한다.

- 한 번 구원을 받은 자는 회개할 필요가 없다고 하며, 회개를 계속하는 것은 구원을 받지 못한 증거라고 한다.

- 역사
  - ▶ 창시자 권신찬은 1925년 경북 원항리에서 태어났다.
  - ▶ 장로교 총회신학교(남산)를 졸업하고 목사 안수를 받았으나, 장로교와 교리가 달라 목사직에서 제명되었다.
  - ▶ 소천섭에 의해 시작된 '방(房)교회'를 '한국평신도선교회'로 개칭하고, 이후 '한국기독교복음침례회'로 다시 개칭해 포교 활동을 하며 기성 교회에 해를 끼치고 있다.

＊방(房)교회

1967년 4월 장로신학교(통합)를 졸업한 소천섭이 포항 중앙교회에 부임해서 구원파의 '깨달음' 교리를 가르쳤는데, 포항에서 한 여집사 집에서 시작한 모임을 '방교회'라는 별칭으로 불렀다.

＊구원파의 분류

구원파는 크게 권신찬 계열(기독교복음침례회), 이요한 계열(본명 이복칠, 대한예수교침례회), 박옥수 계열(대한예수교침례회) 등 3개 파로 분류할 수 있다. 본류는 권신찬 계열이며 그의 사위 유병언이 후계자로 활동하고 있다.

• 주요 교리 및 비판

교리	내용	비판
구원론	• 구원을 육신 구원과 영혼 구원으로 나눔 • 육신 구원은 영혼 구원을 받으면 해결됨 • 예수님 재림 시 완전한 육신 구원 있음 • 구원받은 날짜를 알아야만 구원이 있음	• 육신 구원과 영혼 구원으로 나누는 이분법 이론은 비성경적임 • 구원받은 날짜를 모르면 구원이 없다는 이론은 비성경적임
교회론	• 기성 교회와 보이는 교회를 부정 • 교회는 자신들과 같이 구원받은 사람들이라고 주장	• 교회는 유형(건물)과 무형(성도의 모임) 교회 모두 존재 • 자신들의 교회만 구원이 있다는 것이 이단
죄 론	• 영혼 범죄가 육신 범죄로 나타남 • 영혼 구원 후 육신 범죄는 구원과 무관	• 영혼구원 후에도 계속 범죄하면 구원을 못 받음(히 6:4~6)
기도론	• 기도는 성도의 교제에서 시작 • 구원받은 사람은 기도가 필요 없음	• 기도는 하나님과의 대화 • 성경에서 예수님은 기도를 강조하셨고, 믿음의 사람은 모두 기도의 사람이었음
예배론	• 기성 교회의 성직, 교파를 인정하지 않고 주일성수를 강요하지 않음 • 구원받은 사람은 예배가 불필요, 기성 교회의 예배형식 부인	• 예배를 부인하는 자들이 여러 지방에서 전도 집회를 열고 있음 • 대학 동아리 활동을 통해 다른 예배를 드림 • 기독교복음침례회라는 교파와 직제를 만듦

(5) 하나님의 교회 안상홍 증인회(안증회)

• 역사

▶ 창시자 겸 교주인 안상홍은 1918년 전북에서 태어나 안식교에 입교하여 1962년까지 교인으로 활동하였다.

▶ 안식교 내에 재림의 날짜를 정하는 '시기파'에서 활동하다가 '하나님의 교회 안상홍 증인회'를 창설하게 되었다.

▶ 안상홍은 자신을 육신을 입고 온 하나님, 보혜사 성령 등으로 가르쳤으나 1985년 2월 25일 67세를 일기로 사망했다.

▶ 현재는 장O자가 후계자로 활동하고 있다.

*** 시기파(時期派)**
안식교 내에 중요한 교리인 재림의 시기를 정하는 당파로서 일명 '시한부 종말론'파라고 볼 수 있다.

*** 장O자**
안증회의 2대 교주로 안상홍과 내연 관계에 있던 여자다. 장O자는 안증회에서 '어머니 하나님'이라는 칭호를 받고 있다.

• 주요 교리 및 비판

교리	내용	비판
안식일	• 토요일을 안식일로 철저히 지키는데, 이는 안상홍이 안식교에서 배운 사상임 • 토요일을 안식일로 지켜야 구원받음	• 기독교는 예수님의 부활일, 성령강림일, 초대교회 성찬일 모두가 주일(일요일)이기에 주일을 지킴
유월절	• 유월절 및 절기를 지켜야 함을 주장 • 유월절을 지켜야 구속과 죄 사함 받음	• 복음 안에 있는 사람이 절기를 지킨다는 것은 복음에 위배되는 율법주의 • 유월절을 지켜야 구원받는 것은 성경에 위배
구원론	• 요한계시록의 생명책이 자신에게만 있다고 주장 • 안증회에 등록해야만 구원받음	• 생명책은 그들의 교적부임 • 교적부에 기록된 사람만이 구원받는 것은 잘못된 주장임

(6) 신천지 예수교 증거장막성전(신천지)

• 역사

▶ 창시자 겸 총회장 이O희는 1931년 9월 15일 경북에서 출생했다.

▶ 신천지의 뿌리는 1966년 '어린 종' 또는 '보혜사 성령'이라 불리던 유재열의 다섯 제자 중 한 분파에 있다.

▶ 이O희는 유재열의 교리를 그대로 인용하여 자신을 보혜사 성령, 재림 예수라 주장한다.

▶ 1991년 1월 부산을 시작으로 1992년 전국에 21개 무료성경신학원을 설립했다.

▶ 1995년 신천지 창립 11주년 기념으로 본부 7교육장, 12지파, 24장로 등의 보좌 조직을 구성했다.

＊유재열의 다섯 제자와 분파

1. 이O희의 신천지 예수교 증거장막교회
2. 홍종효의 증거 장막 성전
3. 구인회의 천국 복음 전도회
4. 김풍일의 실로 등대 중앙교회
5. 심재원의 무지개 증거 장막 성전

＊아전인수(我田引水)

자기 논에 물 댄다는 뜻으로, 무슨 일이든 자기에게 이롭게 생각하거나 행동함을 이르는 말

• 주요 교리 및 비판

교리	내용	비판
성경론	• 성경은 비사(비유로 쓰는 말)로 기록된 상징의 말씀임 • 성경은 암호로 기록됨	• 모든 성경이 비유로 되어 있지 않음 • 성경은 암호로 기록된 말씀이 아니라 뜻을 알도록 글로 쓰인 말씀임
신 론	• 성부(아브라함)는 성자(이삭)를 낳고, 성자(이삭)는 성령(야곱)을 낳았으니 이것이 삼위일체라고 주장함	• 정통 삼위일체인 성부 하나님, 성자 예수님, 보혜사 성령님과 전혀 다름 • 그들의 삼위일체 교리는 이O희가 보혜사가 되기 위한 편법임

구원론	• 성령으로 온 지상 사명자, 즉 약속한 목자(이O희 지칭)를 보고, 듣고, 믿고, 지키는 자가 구원받음	• 성경은 예수님을 믿는 자만이 구원이 있다고 기록함(요 3:16) • 이O희를 믿어서는 결코 구원이 없음
기독론	• 예수님은 육신을 입고 오신 하나님이 아니라 성령이 인간 예수의 육체에 임하심으로 하나님의 아들이 됨	• 예수님의 성육신과 신성을 부인하는 것은 비성경적임
종말론	• 종말 예언 성취의 장소를 한국이라고 함 • 신천지 예수교 증거장막성전에서 종말의 사건이 완성된다고 암시함	• 요한계시록의 예언 성취의 장소가 한국이라는 것은 아전인수의 해석임

29과

세계의 주요 종교(1)

1. 이슬람교

1) 기원

2) 교리

3) 신조

4) 이슬람교와 기독교의 비교

2. 유대교

1) 기원

2) 교리

3) 유대교와 기독교의 비교

THE CHURCH AND WORLD

29과 세계의 주요 종교(1)

1. 이슬람교

전 세계에 12억 명이 넘는 신도가 있는 이슬람교는 회교(回教)라고도 불린다. 회교라는 말은 중국에서 위구르족(回紇族 : 회흘족)을 통하여 전래되었으며 회회교(回回教) 또는 청진교(淸眞教)라 부른 것에서 유래하였다.

회교는 '이슬람교'(Islam)라고도 하는데, 유럽에서는 창시자의 이름을 따서 '마호메트교'라 부른다. 이슬람교는 마호메트를 믿는 것이 아니고 '알라'를 유일신으로 믿는 종교이다. 이슬람교 신자는 남성일 경우 '무슬림', 여성일 경우 '무슬리마'라고 부른다.

1) 기원

(1) 창시자 – 마호메트(Mahomet)

• 서기 570(?)년에 사우디아라비아의 서쪽 도시 메카에서 태어났다.

＊위구르족
과거 돌궐족으로 불린 족속이다. 고구려를 함께 세웠던 투르키스탄(돌궐의 영어식 표현)은 A.D. 600년에 중국의 서북 지역(신장성)으로 이동하여 살고 있다. 위구르족은 우리와 민족성이 비슷한 것으로 알려져 있다.

＊마호메트
아라비아어 원음으로는 '무함마드'(Muhammad)라고 불린다.

＊알라
구약의 '엘'에서 비롯된 것이 아니며, 마호메트가 속한 꾸라이시 종족이 섬기던 신이다. 아라비아 지역의 '달신'(月神)에서 유래했다.

• 마호메트는 일찍 부모를 여의고 할아버지에게 양육되었으며, 할아버지의 사후에는 삼촌 아부 탈리브에 의하여 양육되었다.

• 마호메트는 무역으로 크게 성공했고 25세에 40세 갑부 카디자와 결혼하여 부와 명예를 얻어 3남 4녀를 두었으나, 아들은 모두 일찍 죽었다.

• 대상(隊商)을 통하여 부를 얻은 그는 40세 때 메카 근처에 있는 산속 동굴에서 명상에 들어갔다.

• 계시를 받은 후 양자들과 노예 그리고 친한 친구들을 무슬림으로 개종시켰고, 계시 3년째 되던 해 '알라의 사자'라 주장하며 설교를 시작하였다.

• 당시 다신교를 믿던 친구와 친족이 유일신 알라를 믿는 그를 탄압하자 메카를 떠나 메디나로 '성천'(聖遷, 헤지라)했으며, 천도한 A.D. 622년을 이슬람교의 원년으로 하였다.

• 이슬람 신앙을 포교하기 위하여 정복전쟁을 계속했고 아라비아 반도 대부분을 통일하였다.

＊메카

이슬람교 제1의 성지로써 이슬람교의 창시자이자 예언자인 마호메트가 태어난 곳이다. 이슬람교도는 매일 다섯 번씩 메카를 향해 기도하고 일생에 한 번은 이곳을 순례한다.

＊메디나

사우디아라비아 서부 헤자즈 지역에 있는 이슬람교 제2의 성지. 성지 메디나는 이슬람교도만이 들어갈 수 있다.

메디나 또는 마디나라고 불리며 마디나 주의 주도이다. 메카 북쪽 약 350km 지점에 있는 성지로, 마호메트가 622년 메카에서 추방당하여 헤지라(성천)를 행한 곳이며, 그의 묘가 있다.

• 이슬람교로 아라비아 지역을 정치적으로 통일시키기 위해 원정 가던 중 건강 악화로 632년 6월 18일(이슬람력 11년 3월 13일) 사망하였다.

(2) 발전과 분열

• 마호메트가 죽은 후 후계자(칼리프 혹은 칼리파) 문제로 내분을 겪었고 1대 칼리프인 장인 아부 바르크, 2대 칼리프 오말, 3대 칼리프 오트만 그리고 5대 칼리프인 조카 알리 등이 초기 이슬람교 포교에 공헌하였다.

• 발전에도 불구하고 분열되기 시작한 이슬람교에는 현재 교리가 상반되는 200여 개의 종파가 있다.

(3) 종파

• 대표적인 종파는 셋으로 수니파, 시아파, 수피파이다.

▶ 수니파는 보수주의 이슬람으로 코란과 수나(마호메트 언행록)를 중시하며 이것을 이상으로 삼는 정통파이다.

▶ 시아파는 자유주의 이슬람으로 아랍의 이슬람이 다른 민족을 정복하면서 많은 종교와 사상에 부딪쳤을 때, 이들을 수용하거나 동화시키는 과정에서 생겨났다.

▶ 수피파는 신비주의 이슬람으로 금욕과 고

*** 칼리프(칼리파)**
칼리프는 '뒤따르는 자'라는 뜻의 아랍어로, 마호메트가 죽은 후 이슬람 공동체(움마)의 수장, 이슬람 국가의 지도자, 최고 종교 권위자에 대한 명칭으로 사용되었다.

행의 삶에 치중했으며, 후에는 타 종교의 신비주의도 받아들였다.

• 현재 이슬람 중 83% 이상이 수니파에 속한다. 그 외에는 시아파 16%와 수니파와 혼합된 수피파 1% 등 여러 종파가 존재한다.

2) 교리

(1) 경전

• 마호메트가 알라에게 받은 계시를 그의 사후 20년이 지나 제자 아브 베커와 서기 자이드가 양피지에 기록했고, 이를 집대성한 것이 코란이다.

• 코란의 의미는 '읽혀야 할 것' 인데, 알라신이 계시한 바를 마호메트가 암송한 것이며, 이것이 후에 기록됐다.
  ▶ 제1대 칼리프 아부 바르크는 코란을 한 권으로 만들려고 시도했다.
  ▶ 제3대 칼리프 오트만은 코란 결집위원회를 조직, 최종적으로 집대성해서 정통본 코란을 완성했다.
  ▶ 정통본의 암송자인 하피즈는 이슬람 각지를 다니며 전파했는데, 이것이 코란의 정본(定本)이다.

▶ 정본은 '이맘본' 또는 '오트만본' 이라 부른다.

• A.D. 933년 정본을 기초로 아랍어 문법을 정립하면서 독법(읽는 법)과 서법(쓰는 법)을 최종 확정했는데 오늘날 쓰이는 코란은 바로 이 개정본이다.

• 이슬람교는 코란을 신성시하여 외국어 번역을 금지하다가 최근에야 허용하였는데, 그들은 번역을 코란의 해석이라고 부른다.

(2) 신학 – 다섯 기둥(5행)

① 고백(샤하다)

• 교리 내용

▶ '알라 이외에 신은 없으며, 마호메트는 알라의 마지막 예언자이다' 라는 선언이다.

▶ 알라는 전능자이므로 신도는 어려서부터 늙어 죽을 때까지 하루에도 몇 번씩 죄를 고백하고 절대 복종해야 한다.

▶ 알라는 만물의 창조자이며 만사를 예정하였기 때문에 인간은 그 섭리를 따라야만 한다.

＊다섯 기둥(5행)

다섯 기둥(Arkan-al-Islam)은 이슬람법(샤리아)에 근거하며 수니파 무슬림에게 가장 중요한 의무이다. 시아파에는 '종교의 뿌리' 로 알려진 다섯 가지 믿음과 '종교의 가지' 로 알려진 열 가지 의례가 있다.

• 비판

▶ 알라의 유일성과 함께 그의 자존자, 전능자, 심판자 됨을 강조하며 인간의 속성을 무시한다.

▶ 알라는 자신에 대한 복종 외에 다른 선택을 인정하지 않기 때문에 인간을 숙명론자로 만든다.

▶ 알라는 변덕스럽고 용서가 없는 잔인한 속성을 지닌다.

② 기도(두아)

• 교리 내용

▶ 반드시 메카를 향하여 기도하는 것을 중요시하며 아랍어로만 기도해야 한다.

▶ 기도하기 전에 반드시 몸을 씻는데 물이 없는 경우에는 모래로 씻는다.

▶ 기도는 매일 다섯 차례, 일출, 정오, 하오, 일몰, 심야에 하며, 금요일 오후에는 모스크에서 집단 예배(살라트)를 드린다.

• 비판

▶ 아랍어를 모르는 사람에게 기도는 형식에 불과하다.

▶ 형식적인 면이 강하여 율법적 기도의 차원에 머무른다.

③ 자선(자카트)

• 교리 내용

▶ 구제와 봉사를 강조한다.

▶ 구제는 금전과 상품으로 하는데, 상품의 경우에는 소유의 1/40(2.5%), 농산물의 경우에는 1/10(10%)을 바친다.

• 비판

▶ 구제와 봉사라는 이유로 일부다처제를 정당화한다.

▶ 구제 헌금은 일종의 종교세에 가깝다.

④ 금식 또는 단식(샤움)

• 교리 내용

▶ 이슬람력 9월은 '라마단'이라는 금식 기간이다.

▶ 병자와 임신부, 어린이를 제외한 모든 사람은 의무적으로 금식해야 한다.

▶ 30일 동안 해가 뜰 때부터 질 때까지 음식을 먹지 않는다.

• 비판

▶ 의무적 금식으로 율법적인 성향이 강하다.

▶ 해가 진 후에는 금식이 아닌 절식을 한다.

***이슬람력**

마호메트가 메카에서 메디나로 옮긴 시점(헤지라)이 1년 1월이 된다. 12월을 제외하고 각 달은 30일이나 29일로 되어 있으며, 12월의 길이는 달의 실제 위상과 맞추기 위해 30년을 주기로 변한다. 주기에서 11년은 30일, 나머지 19년은 29일로 되어 있다. 따라서 1년은 354일이나 355일이 된다. 윤달이 없기 때문에 특정한 달이 같은 계절에 나타나지 않는다.

***라마단**

이슬람교에서 행하는 금식 기간으로 이슬람력 9월에 행한다. 종교적 기능을 갖는 점에서 유대교의 '욤 키푸르'와 유사하다.

이슬람교는 이 기간 동안 동이 틀 무렵부터 땅거미가 질 때까지 음식, 술, 성생활을 금하도록 계율로 정했다. 라마단의 시작과 끝은 신망 있는 목격자가 이슬람 권위자들 앞에서 달이 떴다고 증언함으로써 공포된다. 따라서 날이 흐리면 금식이 지체되거나 연장되는 경우도 있다.

⑤ 메카 순례(하주)

- 교리 내용
  ▶ 가난하거나 늙거나 허약한 사람을 제외한 모든 사람이 성지 순례에 참여해야 한다.

- 비판
  ▶ 돈이 없는 사람은 순례가 불가능하므로 불신이 초래되며, 사람이 많이 모여 압사 사고가 빈번히 일어난다.

3) 신조

'유일 절대신, 알라의 가르침에 몸을 맡긴다'(알 알이슬람)는 신조는 이슬람으로의 귀의(歸依)를 뜻한다. '알라 이외에 신은 없다' 는 신조에는 후에 '마호메트는 알라의 사자(라수르)이다'가 추가되었다.

이슬람교 신도에게 믿음이란 '알라와 최후의 날(최후 심판의 날), 천사들, 여러 경전, 예언자들을 믿는 것' 이다. 이 모든 것을 믿는 사람을 '이맘' 이라고 한다. 천사는 '가브리엘' 이며 '사이탄' (Shaitan)이라 불리는 타락한 천사와 이를 따르는 악한 천사도 있다.

경전은 4개의 책으로 '모세 오경', '다윗의 시편', '예수의 복음' 그리고 '코란' 이 있는데, 코란을 가장 중요하게 생각한다. 코란에는 예언

*** 귀의**
1. 돌아가 몸을 의지함
2. 종교적 절대자나 진리를 깊이 믿고 의지함

*** 사이탄(Shaitan)**
히브리어 사탄(Satan)의 아랍식 발음이다.

자 28명이 기록되어 있지만 가장 위대한 예언자는 마호메트이다. 다른 예언자는 인간으로 계시를 받은 자에 불과하지만 마호메트는 신성을 가졌다고 주장한다.

천국은 알라신을 잘 믿은 경건한 자가 가는 곳으로 아름다운 정원에 강이 흐르며, 좋은 음식과 술을 대접받는 곳으로 묘사되고 있다. 지옥은 알라신과 그 예언자 마호메트를 거역한 자가 가는 곳이다.

4) 이슬람교와 기독교의 비교

무슬림은 유대인을 이복형제로 생각하며 아브라함을 같은 조상이라 말하고 있지만, 실상은 유대인을 적대적 관계에 놓고 전쟁하고 있다. 무슬림은 기독교와 예수 그리스도에 대해 견해를 달리한다. 이슬람교는 예수님의 신성과 구세주이심을 부정하고 하나의 예언자, 즉 인간에 불과하다고 함으로써 기독교 자체를 부인한다.

	이슬람교	기독교	관련 성구
하나님	• 유일신 알라만 있다.	• 하나님은 한 분이지만 세 위격 성부, 성자, 성령으로 나타난다. 즉, 삼위일체 하나님으로 존재하신다.	마 3:13~17, 28:19 고후 13:13
예수 그리스도	• 예수 그리스도는 구약의 여느 선지자와 같으며 마호메트보다 결코 높지 않다. • 인간의 죄를 위해 십자가에서 죽지 않았다.	• 하나님의 독생자시고 하나님과 늘 함께 계신다. • 죄가 없는 분으로 십자가에서 인간의 죄를 위해 돌아가셨고 부활하셨다.	요 1:13~14 히 4:15 벧전 3:18 고전 15:3
죄	• 알라의 뜻을 행치 않는 것이다. • 다섯 가지 신앙 표준(기둥)을 따르지 않는 것이다.	• 하나님이 지향하는 목표에서 빗나간 행위이다.	롬 1:18~23, 3:23
구원	• 행위를 통하여 구원을 얻는다.	• 우리 죄를 위하여 십자가에서 돌아가신 예수님을 믿는 자만이 구원을 받는다.	고전 15:3~4

2. 유대교

유대교(Judaism)는 구약을 경전으로 하는 유대인의 민족 종교이다. 천지만물의 창조자인 야훼 하나님을 믿으며 스스로를 하나님의 선민으로 자처하고, 메시아의 지상천국 건설을 믿는다. 야훼 하나님의 뜻은 모세의 십계명과 율법에 계시되었고, 일체의 일상생활도 이에 따라 결정된다고 본다.

유대교도는 포로 시대 전에는 성전 중심의 예배로 모였으나 그 후에는 성전과 회당에서 예배의식을 가졌고, A.D. 70년 성전이 파괴된 후에는 회당 중심으로 예배를 드렸다. 안식일 및 절기 때마다 예배와 의례, 랍비의 지도에 따라 경전을 연구하며 삶에서 율법을 준수하고자 노력한다.

＊랍비
유대인이 율법 교사를 부르는 칭호이다. 예수님의 제자들과 다른 사람들도 그리스도를 그렇게 불렀다(마 23:7~8; 요 1:38, 49, 3:2, 6:25).

1) 기원

유대교의 기원은 야훼 하나님을 섬기던 족장 시대와 모세 시대까지 거슬러 올라가지만, 실제적으로 예루살렘 성전 제사와 별도로 타국에서 회당 예배를 드리던 바벨론 포로 시대부터 시작되었다고 볼 수 있다.

회당 예배는 B.C. 586년 바벨론에 의해 예루살렘 성전이 파괴되면서 시작되었고, 포로 시대 후 재건된 성전이 A.D. 70년 로마에 의해 재차 파괴됨에 따라 절정에 이르게 되었다.

＊갈대아 우르
현재 지명은 '텔 무가이어'(석수장이의 언덕)이다. 아브라함이 태어난 곳으로, 이라크의 바벨론 유적으로부터 약 224㎞ 남쪽, 페르시아 만에서는 북서쪽으로 약 240㎞ 떨어진 곳에 위치하고 있다. 그 곳 사람은 아람족에 속하는 한 분파였다.

(1) 아브라함

- 아브라함은 갈대아 우르 출신으로 히브리 민족에게 육신의 조상이자 정신적인 조상이다.
  - ▶ 히브리인은 아브라함이 섬겼던 유일신 하나님을 섬겼다.

▶ 아브라함이 죽은 후 그의 자손들은 애굽에서 노예생활을 하며 조상의 하나님에게 고통을 부르짖었다.

▶ 하나님은 그들의 조상 아브라함에게 하신 언약을 기억하시고 구원자를 보내셨다(출 2:24).

＊애굽
영어 이집트(Egypt)를 한자로 음역한 것이다.

(2) 모세

- 하나님에게 부르심을 받은 모세는 400년간 애굽에서 노예생활을 하던 이스라엘 민족을 탈출시켰다.

- 모세는 시내산의 계약과 십계명을 통하여 유일신 하나님의 사상을 이스라엘 민족에게 각인시켰다.
  ▶ 이스라엘 백성은 모세가 자신들을 노예생활에서 구원하였다고 생각해 민족의 창시자로 여겼다.

- 모세가 하나님으로부터 받은 십계명과 율법은 이스라엘 민족이 신정국가를 세우는 데 기초가 됐다.

(3) 왕정

- 모세의 뒤를 이은 여호수아와 사사들은 통일 왕국 시대를 열었으나 솔로몬 왕 이후 나라가

남북으로 분열되었다.

▶ 북왕국 이스라엘은 이방인과 결혼하여 혈통과 신앙이 변질되었다.

▶ 남왕국 유다는 유대인의 혈통과 유일신 하나님에 대한 신앙을 유지하고자 힘썼으나, 하나님의 기대에 미치지 못했으며 결국 심판의 대상이 되었다.

(4) 멸망

• 북왕국은 B.C. 722년 앗수르에 의해 멸망 당했고, 이후 남왕국은 B.C. 586년 바벨론에 의해 멸망하여 백성이 포로로 잡혀갔다.

▶ 북왕국 이스라엘 백성은 앗수르를 비롯한 이방 각지에 포로로 흩어져 살았다.

▶ 남왕국 유다 백성은 바벨론에서 회당을 구심점으로 율법서(토라)를 읽고 해석하면서 예배를 드렸다.

• 남왕국 유다는 포로생활 70년 만에 해방되어 귀환하였고 포로지에서 신앙을 계속 유지했다.

▶ 포로지에서 돌아온 사람은 유대인이라 불리게 되었다.

▶ 유대인이 가진 종교이므로 유대교라 부르게 되었다.

＊앗수르

앗수르는 티그리스 강 상류의 동쪽 유역, 비옥한 초승달 지대 동북부에 위치한 국가이다. 앗수르라는 이름은 본래 국가 신의 이름이었으며, 초기의 수도 이름이 되었다가 국가명이 되었다.

＊바벨론

바벨론은 메소포타미아 남쪽의 고대 왕국이다. 바벨론에 대한 최초의 기록은 B.C. 23세기경 아카드의 사르곤(Sargon) 왕의 지배를 기술한 점토판에서 찾을 수 있다.

경작이 용이하고, 상업적, 전략적으로 중요한 지형이어서 이민족의 침입을 많이 받았다. 수메르인과 아카드인이 차례로 점령하여 통치하였다.

- 포로지에서 돌아온 유대인은 나라를 다시 세웠고, 예수님 당시에는 헤롯 왕이 통치했다.

- A.D. 70년 로마의 디도 장군에 의해 멸망 당한 유대인은 전 세계로 흩어지게 되었다.

(5) 독립

- 전 세계에 흩어져 있던 유대인은 민족 공동체로서 회당을 지어 간신히 유대교의 명맥을 이어갔다.

- 2차 세계대전 후 1948년 5월 14일 이스라엘은 독립국가를 건설하였고 유대교는 다시 활발히 전개되었다.

2) 교리

(1) 경전

① 유대교 성경

- 유대교 성경은 B.C. 1세기에 기본적인 구성이 이루어져 결집되고 완성되었다.

- 유대교 성경은 기독교의 구약과 내용이 같으나 순서가 다르다. 맨 앞에 나오는 율법서 모세 오경을 '토라'라고 부르며 가장 중요하게 여긴다.

▶ 토라에는 성문(成文) 토라인 '모세 오경', 구전(口傳) 토라인 '미쉬나' 그리고 토라의 해설 '미드라쉬'가 있다.

▶ 구전 토라인 미쉬나는 후에 성문화되었고, 미쉬나의 구전인 '게마라'(가르침의 완성)가 나왔다.

*** 미드라쉬**
성경은 아니지만 유대인에게 중요한 문서이다. 미드라쉬는 '찾다', '연구하다'는 뜻의 동사 '다라쉬'에서 나온 명사형으로 '해석' 또는 '설명'이라는 뜻을 갖고 있다.

② 탈무드

• 게마라를 탈무드라 불렀는데 두 부류가 있다.

▶ 할라카(Halachah)는 랍비의 토론과 같은 율법의 판례를 다룬다.

▶ 하가다(Haggadah)는 속담이나 비유, 교훈을 주는 이야기를 유대교 성경에 비추어 해설한다.

• 탈무드는 여섯 부분으로 구성되어 있다.

▶ 농사법(즈라임)은 종자, 과일, 풀, 나무 등을 다룬다.

▶ 절기(모애드)는 안식일, 유월절, 장막절, 금식 같은 명절 및 종교일과 관련이 있다.

▶ 여성(나쉼)은 약혼, 혼인, 형제의 부인, 서원, 간통, 이혼에 대한 내용을 다룬다.

▶ 손해(너지킨)는 보상, 태형, 맹세, 우상 숭배와 같은 민사 및 형사법과 관련이 있다.

▶ 성별(코다쉼)은 제물, 헌물, 첫 출생과 같은 제사법과 관련이 있다.

▶ 정결(토하로트)은 옷, 집, 가구, 나병에 대한 정결을 다룬다.

• 탈무드는 모두 합하여 20권 12,000페이지에 달하며, 유대교 학자는 랍비로부터 매일 배워야 한다.

• 탈무드는 유대교 성경 다음으로 중요한 경전이며 학교 교육과 생활 규범에 많은 영향을 주고 있다.

(2) 종파

① 정통파 유대교인

• 정통파 유대교인은 토라 또는 모세의 율법을 주의 깊게 연구한다.

▶ 연구는 일종의 생활 규범이다.

• 토라 외에 수 세기 동안 추가된 경전을 연구한다.

▶ 성문화된 구전 토라 미쉬나와 구전적 가르침인 탈무드를 매일 공부한다.

• 십계명의 4계명인 안식일을 철저하게 지킨다.

② 보수파 유대교인

• 보수파 유대교인은 토라에 대해 좀 더 관대하

게 해석하지만 율법을 대단히 중요시한다.

- 히브리어와 유대교의 전통을 살리고자 노력한다.

③ 개혁파 유대교인

- 개혁파 유대교인은 정통파 유대교인과는 성향이 다르다.
  - ▶ 유대교의 정신이 의식보다 중요하다는 원리를 따른다.
  - ▶ 식사법이나 안식일법 같은 율법에서 보다 자유롭게 행한다.

＊쉐마

신명기 6장 4~9절, 11장 13~21절, 민수기 15장 37~41절의 성경 본문으로 이루어진 유대인의 신앙고백이다.

히브리어의 쉐마는 '들으라'는 뜻으로 유대인에게 있어 개인 기도, 저녁 예배, 아침 예배에 없어서는 안 될 중요한 요소이다.

3) 유대교와 기독교의 비교

	유대교	기독교	관련 성구
하나님	• 하나님에 대한 신관은 기독교와 동일하나, 삼위일체론은 부인한다. • 쉐마를 신앙고백으로 삼는다.	• 성부, 성자, 성령 삼위일체의 하나님을 믿는다. • 사도신경을 신앙고백으로 삼는다.	마 3:16~17 고후 13:13
예수 그리스도	• 예수님을 그리스도(메시아)로 믿지 않는다. • 예수님을 그리스도로 믿고 따르는 신도를 이단으로 취급한다.	• 부활하신 예수님을 그리스도로 고백하는 사람들의 공동체로 시작했다.	마 14:33, 16:16 요 1:34, 9:35~37 고전 15:3

죄	• 죄는 하나님의 계명에 대해 반항하고 증오하는 태도라 규정한다. • 죄는 오직 인간의 자유 선택에 의한 결과이다. 즉 '본인이 죄를 지었으므로 죄인이 된다'는 것이다.	• 예수님을 믿지 않는 죄, 성령님을 모독하는 죄 등 삼위일체 하나님의 뜻에서 벗어난 행위가 죄이다. • 인간은 아담 이후의 원죄가 있다.	막 16:14~16, 3:29 고전 15:22
구원	• 자신의 노력으로 가능하다.	• 그리스도를 통해서만 가능하다.	행 4:12 딛 3:5 엡 2:8~10

30과

세계의 주요 종교(2)

1. 불교

1) 기원

2) 교리

3) 분류

4) 불교와 기독교의 비교

2. 힌두교

1) 배경

2) 신분제도(카스트)

3) 경전

4) 교리

5) 힌두교와 기독교의 비교

THE CHURCH AND WORLD

30과 세계의 주요 종교(2)

1. 불교

1) 기원

(1) 배경

- 불교는 인도에서 힌두교와 같은 배경으로 시작되었다.

- 불교는 힌두교의 카스트 제도에 대항하여 발생하였다.

- 신분제도로 인해 인도 사회가 매우 복잡하였을 때 불교는 힌두교의 정통 사상을 비판하기 시작했다.

- 종교적인 방황의 시기에 석가는 깨달음에 이르렀고 도를 전하기 시작하였다.

- 불교는 인도에서 성장하지 못하고 오히려 아

시아의 다른 나라에서 크게 발전하였다.

(2) 창시자 – 석가모니(B.C. 624~544)

- B.C. 624년경 현 네팔과 인도 북동부 지방에 있던 카필라(Kapila) 왕국에서 샤카족(族)의 왕자로 태어났다.

- 출생지는 룸비니(Lumbini)였고, 성장지는 카필라 바스투(Kapilavastu)였다.

- 부친은 카필라 성의 성주 숫도다나 왕이고, 모친은 마야 부인이었다.
  ▶ 마야 부인은 석가를 낳고 일주일 만에 죽어 이모의 손에 양육되었다.

- 29세에 인생의 생로병사 문제로 고심하다가 출가하여 고행을 겪고, 보리수 아래서 40일을 지낸 후에 열반(涅槃)을 경험하여 '부처'(붓다, Buddha)라 불리게 되었다.
  ▶ 붓다는 '진리를 깨달은 자, 진리의 경지에 도달한 자'라는 뜻으로 한자로는 불타(佛陀)라 쓰고 약칭하여 불(佛)이라 부른다.

- 원래 이름은 고타마 싯다르타(Gautama Siddhārtha)이다.

＊보리수
원래 피팔라 나무인데 부처가 붓다가야의 보리수 아래에서 득도하였기에 보리수(菩提樹), 즉 깨달음의 나무로 불리며 불교를 상징하게 되었다.

＊열반
산스크리트어로 '니르바나'(nirvāṇa)를 음역한 것이고 취멸(吹滅), 적멸(寂滅), 멸도(滅度), 적(寂) 등으로도 번역된다. 본래 뜻은 '소멸'인데, 타오르는 번뇌의 불길을 멸진(滅盡)하여 깨달음의 지혜인 보리(菩提)를 완성한 경지를 의미하게 되었다. 열반은 생사(生死)의 윤회와 미혹에서 해탈한 깨달음의 세계로, 불교의 궁극적인 수행 목적이다.

＊고타마 싯다르타
고타마는 성(姓)이고, 싯다르타는 이름이다.

• 득도한 이후 사람들은 그를 샤카무니(Śakyamuni)라고 불렀다.

▶ 샤카무니는 '샤카족의 성자'라는 뜻으로 한자음으로는 석가모니(釋迦牟尼)라 읽는다.

• 60명의 제자를 각처로 보내어 포교하게 하였다.

• 승려의 규범인 '상하'(Sangha)를 만들고 죽을 때까지 수천 명에게 불교를 전파하였다.

2) 교리

(1) 경전

• 석가모니와 제자들의 가르침을 모아놓은 것으로 '불경'(佛經)이라 부른다.

• 인도, 중국, 티베트, 한국을 거치면서 같은 경전이 여러 이름으로 불리기도 했다.

▶ 불경에는 소승 불교의 소승경전, 대승 불교의 대승경전, 티베트 불교의 금강승 계통의 경전이 있다.

• 결집은 석가모니 사후부터 시작되어 2세기 초까지 4차에 걸쳐 완성되었다.

＊티베트(티벳) 불교

흔히 '라마교'(Lamaism)라 불린다. 티벳 불교의 역사는 7세기 때, 손챈감포라는 뛰어난 왕으로부터 시작된다. 그는 인도계 불교와 중국계 불교에 주술(呪術)을 중시하는 티벳 고유의 신앙 뵌(Boen)교를 혼합해 티벳 불교를 창시했다.

- 현재 가장 체계적으로 정리된 일본의 신수대장경이 불교 연구에 있어 대장경의 표준이 되고 있다.

(2) 주요 교리

① 사성제(四聖諦)

- 부처가 가장 처음 한 설법이자 전 생애를 관통하는 것으로 고(苦), 집(集), 멸(滅), 도(道)의 네 부분으로 구성되어 있다.
  - ▶ 고(苦), 인생은 고통의 연속이다.
  - ▶ 집(集), 고통이 어디서 오는지 밝힌다.
  - ▶ 멸(滅), 고통이 사라진 세계가 무엇인지 밝힌다.
  - ▶ 도(道), 고통을 사라지게 하기 위한 수행법을 밝힌다.

② 팔정도(八正道)

- 사성제의 도(道)에 해당하는 8가지 수행법이다.
  - ▶ 정견(正見) : 바르게 보기.
  - ▶ 정사유(正思惟) : 바르게 생각하기.
  - ▶ 정어(正語) : 바르게 말하기.
  - ▶ 정업(正業) : 바르게 행동하기.
  - ▶ 정명(正命) : 바르게 살아가기.
  - ▶ 정정진(正精進) : 바르게 정진하기.
  - ▶ 정념(正念) : 바르게 마음먹기.

＊대장경

불교 성전, 즉 불전의 총칭인 동시에 그 불전을 집합한 총서를 말한다. 일체경(一切經)이라고도 하고 약칭하여 장경(藏經)이라고도 한다. 대장경에 수록되는 불전은 경전만을 의미하지 않는다. 부처가 직접 말한 것으로 알려진 경(經)과 율(律)은 물론이고, 일차적인 주석인 논(論)과 논에 대한 주석인 소(疏) 등을 비롯하여 전통적으로 권위를 인정받는 여러 종류의 불교 관련 문헌을 포함한다.

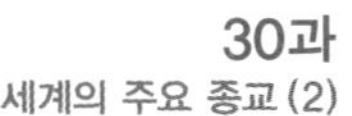

▶ 정정(正定) : 바르게 수행하기.

③ 불이(不二) 사상과 공(空) 사상

• 불이 사상은 부처와 대중이 별개가 아니며, 세상과 불법 세상도 별개가 아님을 강조하는 것이다.
  ▶ 자신의 경험과 생각으로 자신과 다른 것을 분리하고 차별하는 마음을 버리고, 모든 것이 결국 하나임을 깨달아야 성불할 수 있다는 사상이다.

• 공(空) 사상이란 '아무것도 존재하지 않음', 혹은 '온갖 경험적인 사물이나 사건이 공허하여 덧없음'을 말하는 이른바, 존재론적 및 가치론적 부정(否定)을 의미한다.

④ 연기(緣起) 사상

• 세상에 존재하는 모든 사물과 사건에는 과거와 현재 그리고 원인과 결과가 존재한다는 사상이다.
  ▶ 현재 우리와 우리에게 발생하는 일은 홀로 존재하는 것이 아니라 과거나 전생(前生)의 원인이 있기 때문에, 그 결과로 일어나는 현상이라는 사상이다.

• 윤회 사상과 깊은 연관이 있다.

⑤ 윤회(輪廻) 사상

• 전생의 업(업보)에 따라 현재나 미래의 삶이 결정된다는 사상이다.
  ▶ 모든 생명체는 전생(前生), 현생(現生), 그리고 내생(來生)이 존재하는데 이것의 반복을 윤회(輪廻)라고 한다.

• 윤회는 전생의 업보에 따라 여섯 가지 모습 즉, 지옥, 아귀, 축생, 아수라, 인간, 천인 중 하나로 환생하게 된다는 것이다.

• 불교 신앙의 궁극적인 목표는 바로 이런 윤회에서 벗어나 부처가 되는 성불(成佛)에 있다.

⑥ 삼보(三寶) 신앙

• 불교에서 가장 큰 신앙의 세 가지 대상을 삼보(三寶)라고 한다.
  ▶ 삼보는 부처의 참된 몸인 불보(佛寶), 부처의 가르침인 법보(法寶), 부처의 말씀을 따르는 제자인 승보(僧寶)를 말한다.

(3) 불교 교리의 특징

• 자신의 힘으로 구원에 이른다는 자력주의를 주장한다.

• 힌두교의 계급주의를 반대하며 평등주의를 지향한다.

*** 업(業, Karma)**
인간이 행한 대로 결과를 받는다는 것으로, 인과응보 혹은 업보라고도 한다.

*** 아수라**
아수라는 욕심 많고 화 잘 내는 사람이 죽어서 환생한 축생이라고 한다. 아수라들이 모여서 놀고 있는 모습은 '엉망진창이고 시끄럽고 파괴적'이라고 말한다.

*** 성불(成佛)**
부처가 된다는 뜻으로 깨달음을 얻는 일을 의미한다. 하지만 '성불하라'는 말은 부처가 되라는 뜻이기보다 부처처럼 되기를 소망하는 것, 또는 깨달음 얻기를 기원하는 것을 뜻한다.

• 살생, 도둑질, 간음, 거짓말, 음주를 금하는 5가지의 계율을 지킨다.

• 예불 시 '나무아미타불 관세음보살' 이라는 주문을 암송한다.

3) 분류

(1) 소승 불교

• 소승 불교는 대승 불교가 성립되기 이전부터 있었으며 출가주의(出家主義) 불교이다.

▶ 출가는 가정생활, 성생활, 경제행위 등으로부터 떠나는 것을 의미한다.

▶ 출가의 이유는 가정생활을 하면 애정과 집착이 생겨 열반에 이를 수 없기 때문이라고 한다.

• 소승 불교뿐만 아니라 부처가 설법한 원시 불교도 출가주의에 근거하고 있다.

• 부처의 도를 정확히 따르는 소수 사람만이 열반(涅槃)에 이를 수 있다고 믿는다.

• 소승 불교도에게 부처는 한 사람의 선생에 불과하다.

＊나무아미타불
'아미타불에게 귀의한다' 는 뜻이다. '나무' 는 인도 말 나마스(namas)를 음사한 것으로 부처를 의지하고 따른다는 의미이다.

＊관세음보살
불교의 4대 보살(관세음보살, 지장보살, 보현보살, 문수보살) 중의 하나로 자비의 보살이다. 세상의 소리, 중생(衆生)의 소리를 들어주는 보살이라는 뜻이다.

＊출가주의
출가하여 수행에 정진한 사람만이 구제받는다는 소승 불교의 주장

＊보살
'보리살타' 의 준말로 '깨우친 자' 또는 '깨우침을 향해 나아가는 수행자' 라는 뜻이다.

- 소승 불교는 스리랑카, 미얀마, 태국, 캄보디아, 라오스 등에서 추종하고 있다.

(2) 대승 불교

- 석가모니가 입멸한 후 수백 년이 지난 기원(紀元) 무렵에 소승 불교의 출가주의에 불만을 품은 이들이 생겨났다.

- 그들은 출가하지 않고 구원받을 방법을 모색하였다.

- 새로운 불교를 전개해 경전을 만들었고, 재가(在家) 신자도 부처가 될 수 있다고 가르쳤다.

- 대승 불교를 따르는 사람들은 소승 불교의 출가주의를 독선적이라 비난했고, 가르침이 작다는 뜻으로 '소승'이라 불렀다.

- 대승 불교는 구원이 모든 사람을 위한 것이라 가르쳤고, 부처를 전 인류의 구세주라 여겼다.

- 대승 불교는 보편적이어서 많은 사람이 선호하며 중국, 티벳, 일본, 한국 등에서 추종하고 있다.

＊입멸(入滅)
수도승이 세상을 떠나는 것을 의미한다.

＊출가(出家)와 재가(在家)
출가는 집을 떠나 수행한다는 말이고, 재가는 집에 머물면서 수행한다는 말이다.

4) 불교와 기독교의 비교

	불교	기독교	관련 성구
하나님	• 범신론으로 하나님의 존재를 부인한다.	• 하나님의 존재와 전능하심을 믿는다.	욥 42:2 시 115:3 마 19:26
예수 그리스도	• 훌륭한 선생으로 생각하지만 부처만 못하다.	• 하나님의 아들이며 인류의 죄를 위해 돌아가셨다.	마 14:33, 16:16 요 1:34 고전 15:3
죄	• 인간이 바르게 나아가는 것을 방해하는 것이 죄다.	• 죄는 인간을 향한 하나님의 뜻에서 빗나가는 것이다.	롬 3:10, 23, 5:12 엡 2:1
죽음	• 윤회로 계속 태어난다.	• 한번 죽으면 끝으로 그 뒤에는 영원히 살거나 죽게 된다.	히 9:27 계 20:6
구원	• 자기 수행의 노력으로만 가능하다.	• 그리스도를 통해서만 가능하다.	행 4:12 엡 2:8~9

2. 힌두교

1) 배경

• '힌두'는 페르시아(현재의 이란)어로 '인도 사람'이란 뜻이며, 힌두교는 아리안족의 종교와 인도의 원주민 종교가 섞인 혼합 종교이다.

＊아리안족
백인 계통의 고대 인도의 유럽 종족으로 B.C. 1500년 무렵 중앙아시아로부터 인도나 이란으로 이주했다. 이란인, 그리스인, 로마인, 게르만인으로 분포되었으며 현재 유럽인의 조상이 되었다.

• 힌두교의 창시자는 따로 없다.

• 힌두교를 시작한 사람들은 러시아 남부와 중앙아시아 초원지대에 살던 유목민이며, 오늘날 유럽과 이란 사람의 혈통인 아리안족의 조상이다.

• 그들은 인도에 산스크리트어, 말(馬), 철기 문화를 가져온 침략민이었다.

• 아리안족은 우월성을 유지하기 위해 '다르마'라는 숙명론과 카스트 제도를 강조하였다.

2) 신분제도(카스트)

(1) 카스트 제도의 유래

• 인도의 새로운 통치 계급이 된 아리안족은 원주민을 다스리고 자신들과 차별을 두기 위해 엄격한 계급 제도를 만들었다.

• 카스트 제도는 인도 사회에서 역사적으로 형성된 특이한 신분제도로 사성(四姓)과 계급에 근원을 둔 세습적 계급제이다.

• 카스트라는 말은 인도와 해상무역을 하던 포르투갈 인의 '카스타'(casta, '순결한'이라는 뜻)에서 나왔다.

*** 산스크리트어**
인도 유럽어의 고전어로 힌두교, 대승 불교, 자이나교 경전의 언어이며 인도어에서 수많은 고급 어휘의 근간을 구성한다.
인도 공화국의 공용어 중 하나로, 아직도 학교에서 읽고 쓰는 법을 가르치고 있으며 이와 관련된 문학, 예술, 방송 활동도 꾸준히 이어지고 있다. 일부 브라만은 산스크리트어를 모국어로 쓰고 있다.

*** 자이나교(Jainism, B.C. 6세기)**
바르다마나(Vardhamāna)가 당시의 정통 베다(초기 힌두교의 경전)의 의례에 반대해 창설한 인도의 종교이자 철학이다.

*** 다르마(Dharma)**
산스크리트어 다르마는 법(法)으로 번역되는데, 원래 뜻은 '지키는 것' 혹은 '지지하는 것'이다.

*** 카스트 용어**
인도의 카스트 제도는 고대 사회 전통과 힌두교의 법과 연관이 깊기 때문에 유럽인이 이해하기 어려웠다. 18세기 영국이 인도를 식민지로 점령하였을 때부터 영국인에 의해 '카스트'(caste) 제도로 불리기 시작하였다.

(2) 카스트 제도의 목적

- 원래 목적은 사람을 계급별로 나누는 것보다 효율적인 분업에 있었다.

- 순수한 목적으로 시작된 카스트 제도는 시간이 지남에 따라 점차 변질되었다.

(3) 카스트 제도의 사성 계층과 하리잔

- 직업의 세습, 카스트 간의 통혼 금지 등의 규제가 있다.

- 현재 인도에서는 카스트 제도가 폐지되었지만 보이지 않게 존재하고 있다.
  - ▶ 브라만 : 카스트 제도에서 가장 높은 지위인 승려 계급이다. 사회인의 교육과 힌두교 신들에게 기도 드리는 일을 하는데, 여기에는 성직자, 학자 등이 있다.
  - ▶ 크샤트리아 : 두 번째 지위인 왕족과 무사 계급으로, 사회 제도와 안보를 유지하며 국가를 통치하는 일을 한다. 여기에는 왕족, 귀족, 무사 등이 있다.
  - ▶ 바이샤 : 세 번째 지위인 평민 계급으로, 바라문교 법전에는 농업, 목축업, 상업에 종사하도록 규정되었다. 7세기 이후에는 수공업, 상업, 교역을 직업으로 하는 사람을 가리켰다.

▶ 수드라 : 가장 낮은 지위인 노예 계급으로, 육체 노동과 관련된 일과 도살하는 일을 했다. 잡역, 하인, 청소부 등이 해당된다.

▶ 하리잔 : 카스트 제도에도 들어가지 못하는 최하위 천민으로, '접촉해서는 안 되는 부류'(불가촉천민)이다. 인도에서는 이들을 불결하게 여겨 인간 취급도 하지 않는다.

3) 경전

(1) 베다

• 고대 인도를 기원으로 하는 다량의 신화적, 종교적, 철학적 문헌이다.

• 베다 문헌은 산스크리트어로 기록되었으며 힌두교의 가장 오래된 성전(聖典)을 이루고 있다.

▶ 베다 문헌은 삼히타, 브라마나, 아란야카, 우파니샤드, 수트라의 다섯 부문으로 분류된다.

▶ 삼히타 베다는 시편 베다, 영가 베다, 주문 베다, 제사 베다 네 가지가 있다.

(2) 우파니샤드

• 사변적인 글을 모은 책으로 교리가 담겨져 있으며, 석가모니는 이 책에서 불교의 중요한

＊사변적(思辨的)
경험에 의지하지 않고 생각에 의하여 인식하고 설명하는 것

교리를 배웠다고 한다.

(3) 바가바드

- 힌두교에서 널리 알려진 경전으로 비슈누 신의 화신인 크리슈나와 전쟁을 준비하던 전사 아류나의 대화록이다.
  - ▶ 이 경전은 카스트 계급에 상관없이 누구나 구원을 받을 수 있다고 주장한다.
  - ▶ 힌두교 학자는 이 경전이 기독교의 신약과 같은 위치에 있다고 주장한다.

4) 교리

(1) 신관

- 범신론이며 최고의 신은 존재의 근원인 브라마이다.
  - ▶ 힌두교도는 브라마를 믿으며 동시에 다른 신을 섬긴다.

- 힌두교에는 크게 삼신이 있는데 브라마(Brahma), 비슈누(Vishnu), 시바(Shiva)이다.
  - ▶ 셋 중 브라마는 창조의 신(조물주), 비슈누는 유지의 신(보존자), 시바는 파괴의 신이다.

(2) 구원관

- 인과응보 사상으로 현재의 신분은 과거에 자

*** 크리슈나(Krishna)**
비슈누의 여덟 번째 화신으로 시바와 더불어 인도인에게 가장 많은 사랑을 받는 신이다. 피리 부는 목동의 모습이나 부인인 라다와 다정하게 서 있는 모습으로 형상화된 크리슈나의 그림과 조각상을 흔히 볼 수 있다.

*** 브라마(Brahma)**
인도 후기 베다 시대의 힌두교 주요 신 중 하나로 '범천'(梵天)이라고도 한다. 종파적 신앙이 대두함에 따라 점차 비슈누와 시바에게 가려지게 되었다.

신이 행한 업보의 결과이며, 내세의 구원은 현세의 행위에 의해 결정된다는 숙명론이다.

• 구원의 세 가지 방법은 업보를 쌓는 것, 지식을 체득하는 것, 헌신하는 것이다.
  ▶ 힌두교도는 다음 생애에 더 나은 형태로 태어나기 위해 노력한다.

(3) 인간관

• 인간을 비인격적이고 추상적인 신인 브라마의 일부로 보면서 브라마의 불완전한 화신(化身)으로 취급한다.
  ▶ 인간의 독자성이나 개별적 가치는 인정하지 않는다.

(4) 죄관

• 힌두교에는 인간이 신에 대하여 범죄한다는 개념이 없다.

• 인간의 잘못된 행동은 범죄가 아닌 무지의 차원으로 인식한다.

• 죄는 인간의 육체와 관련되어 있을 뿐 영혼과는 무관하다.

• 범죄한 경우 자신이 속한 카스트에 부과된 일

＊비슈누(Vishnu)

1. 그 어원이 '온갖 사물에 용해되어 있는 자'로 '우주 만물의 실재(實在)'라는 뜻이다. 비슈누는 브라마의 우주 창조 주기 중 파괴기가 도래하면, 다음에 올 새로운 창조기를 위한 에너지와 생명을 자신 속에 내재시켜 두었다가, 때가 되면 자신의 내면을 파괴하고 내뱉어 우주의 영속을 유지시킨다.

2. 비슈누는 화신(化身)과 환생의 상징이다. 우주가 유지될 때는 온 우주의 섭리가 다르마를 지향하며 정상적으로 흐르도록 조정하고, 세상에 불의와 부도덕이 난무하거나 위기가 다가오면 상황에 맞는 최적의 상태로 환생하여 문제를 해결해 주는 조정자 역할을 한다.

＊시바(Shiva)

힌두교의 주요 신 중 하나로, 원래는 부와 행복, 길조를 의미하는 신이었으나, 나중에 파괴의 신이 되었다.

정한 절차를 거쳐 극복할 수 있으며, 또한 구원받을 수 있다고 주장한다.

(5) 우주관

- 절대자 브라마(梵天)가 유희(遊戱, 리라)를 위해 우주를 창조했다.
  - ▶ 현상 세계는 브라마의 환력(幻力, 마야)에 의해 나타났다.
  - ▶ 현상 세계는 환영처럼 실제로 존재하지 않으며 브라마만 실제로 존재한다.

(6) 종말관

- 명확한 종말이나 심판의 개념이 없으며 추구하는 것은 오직 영혼의 불멸이다.

- 인간은 죽어서 무로 돌아가지 않고 각자의 업에 따라 내세에서 다시 새로운 육체를 얻는다.

- 시작(창조)도 종말도 없고 특정 자아가 독립적, 개별적인 아트만으로 윤회하며, 계속해서 반복되는 윤회 속에 죽고 다시 태어날 뿐이다.

＊유희(遊戱)
즐겁게 노는 것

＊마야
현상의 세계를 지칭하는 것으로, 물질적인 존재들의 순간적인 현상을 말한다.

＊아트만
본래의 의미는 '호흡'이며, 진정한 자아 또는 우주에 편만한 생명을 뜻한다.

5) 힌두교와 기독교의 비교

	힌두교	기독교	관련 성구
신	• 브라마는 영원한 존재이나 어떤 특성도 없다. • 수백만의 신을 가지고 있다.	• 성부, 성자, 성령의 삼위일체이신 영원한 하나님이시다.	마 3:13~17, 28:19 고후 13:13
죄	• 돕는 것이 선이며, 방해하는 것이 악이다. • 사람이 현세에서 성공하지 못해도 환생하여 다시 노력하면 성공할 수 있다.	• 인간을 향한 하나님의 뜻에 어긋나는 것이다. • 하나님의 말씀을 따르지 않는 것이다. • 결과는 죽음이다.	롬 3:23, 6:23
구원	• 인간의 노력을 통해 의롭게 될 수 있다.	• 예수 그리스도의 구속의 은혜를 믿어야만 구원을 받는다.	엡 2:8~9

31과

오순절 성령운동의 역사

1. 오순절의 의미
   1) 구약에서의 오순절
   2) 신약에서의 오순절

2. 오순절 성령운동의 성격
   1) 정의
   2) 특징

3. 오순절 성령운동의 역사
   1) 초대교회 시대
   2) 교부 시대
   3) 중세 시대
   4) 종교개혁 시대
   5) 종교개혁 이후

4. 현대의 오순절 성령운동
   1) 배경
   2) 발전
   3) 종류

5. 미국 하나님의 성회의 성립과 역사
   1) 성립 배경
   2) 역사

THE CHURCH AND WORLD

31과

오순절 성령운동의 역사

1. 오순절의 의미

1) 구약에서의 오순절

오순절(五旬節)은 헬라어로 '펜테코스테'(πεντηκοστή), 영어로는 펜테코스트(Pentecost)라 하는데, 이것은 '50일' 이라는 뜻으로 유월절 후 50일째 되는 날을 말한다. 유월절은 고대 이스라엘 민족이 애굽 바로에게 예속되었던 노예 상태로부터 해방된 것을 기념하는 절기이다. 구약의 오순절은 곡물에 대한 추수 절기였다.

＊오순절
오순절은 유월절, 초막절과 더불어 이스라엘의 3대 절기 중 하나이다.

＊추수 절기
이스라엘 백성의 주식은 밀과 보리였는데 오순절은 보리를 추수하는 때이므로 '맥추절'(麥秋節)이라고도 한다.

2) 신약에서의 오순절

제자들은 예수님이 약속하신 말씀(행 1:4~5)에 따라 마가의 다락방에서 기도에 힘씀으로 성령 침례를 받았는데 바로 이날이 유대인의 절기 중 하나인 오순절이었다. 오순절은 주님이 부활하신 후 50일이 되던 날이었으며, 성령님이 강림하셨고 그 결과 교회가 탄생하게 되었다(행 2:1~4). 오순절 성령의 역사는 지금도 계속되고 있다.

2. 오순절 성령운동의 성격

1) 정의

오순절 성령운동은 성령의 주권에 순종하여 행하는 기독교 신앙의 실천운동이다. 초대교회 성령의 역사를 현대에 재현하여 개인의 경건과 교회를 위한 봉사, 세상을 향한 복음 전도 사역을 수행하는 포괄적인 영적운동(spiritual movement)이다.

2) 특징

(1) 성경 말씀에 근거한다

- 오순절 성령운동은 성경에 일관되게 나타나는 하나님의 초자연적인 기적을 그대로 믿고 체험하는 특징을 지닌다.
  - ▶ 복음서에 기록된 예수님이 일으킨 기적과 사도행전에서 제자들이 경험한 기적의 사건을 그대로 믿고 체험한다.
  - ▶ 성경에 기록된 신유는 신체의 치유뿐만 아

니라, 내면 및 영혼의 치유인 것을 믿고 행한다.

(2) 능력 있는 기도를 강조한다

- 오순절 성령운동은 성령님의 인도에 따라 하나님의 능력을 체험하는 기도를 한다.
  - ▶ 능력 있는 기도는 하나님으로부터 응답을 받을 뿐만 아니라 하나님의 인도하심을 받는 기도이다.

(3) 성령체험을 강조한다

- 오순절 성령운동은 충만한 기도를 통하여 성령님이 주관하시는 성령침례의 체험을 강조한다.
  - ▶ 성령침례는 거듭남(요 3:5)을 의미하는 구원의 침례와 다르며, 외적으로 방언이 나타난다.
  - ▶ 성령충만은 성령의 기름 부으심에 의해 성령의 은사와 열매가 충만한 상태를 말한다.

(4) 땅끝까지 선교를 실천한다

- 오순절 성령운동은 성령의 능력을 강조하는 운동으로 예수님의 지상명령을 실천한다.
  - ▶ 성령이 임할 때 성도는 땅끝까지 복음을 증거하는 권세와 능력을 지닌다(행 1:8).

＊지상명령(至上命令)

예수님의 최후 명령이자 가장 중요한 명령으로 땅끝까지 복음을 증거하라는 말씀이다.

지상명령은 마태복음 28장 19~20절에 잘 나타나 있다.

"그러므로 너희는 가서 모든 민족을 제자로 삼아 아버지와 아들과 성령의 이름으로 침례를 베풀고, 내가 너희에게 분부한 모든 것을 가르쳐 지키게 하라 볼지어다 내가 세상 끝날까지 너희와 항상 함께 있으리라 하시니라"

(5) 전인구원을 지향한다

- 오순절 성령운동은 영혼 구원뿐만 아니라 범사가 잘되고 육체가 강건하게 되는 전인구원의 신앙을 강조한다.
  ▶ 성령님은 성도의 영혼 문제뿐만 아니라 범사의 삶과 육체의 건강 문제까지 역사하신다.

(6) 영적 전쟁에서 승리하게 한다

- 오순절 성령운동은 성령의 능력을 힘입어 혈과 육에 대한 싸움이 아니라 하늘에 있는 악한 영과의 싸움(엡 6:12)에서도 승리를 얻게 한다.
  ▶ 성도는 성령의 능력에 의해 악한 영과의 싸움에서 이길 수 있다.

3. 오순절 성령운동의 역사

1) 초대교회 시대(A.D. 33~100)

오순절의 성령체험은 예루살렘에서 시작하여 사마리아, 안디옥, 에베소, 고린도 등지로 확산되었고, 각 도시마다 방언, 신유, 축사, 죽은 자의 살아남, 감옥 문이 열리는 것과 같은 초자연적인 기적이 나타났다. 초대교회 성도에게 성령

*** 초대교회 시대**
예수님의 승천부터 사도 요한이 죽은 시기까지를 말한다.

*** 축사(逐邪, exorcism)**
귀신이나 사악한 기운을 물리쳐 내쫓음

의 임재와 능력의 체험은 자연스러운 일이었으며, 초대교회를 기록한 사도행전은 성령행전과 같았다.

2) 교부(敎父) 시대(A.D. 100~590)

초대교회에서 교부는 예수님의 제자들로부터 배움을 받은 자로, 성경으로부터 기독교 교리를 확립하거나 기독교를 미신으로 오해하던 로마 제국을 향해 변증하던 자들이었다.

사도들에 의하여 강력하게 시작된 성령운동은 복음과 함께 전 로마 제국으로 확산되었다. 이런 그리스도인의 영향력에 위협을 느낀 로마 정부는 황제 숭배를 핑계 삼아 기독교를 박해하였다. 그러나 성령의 강력한 역사를 막지 못하였고 결국 로마 제국의 콘스탄틴 대제는 기독교를 공인하였다(A.D. 313년).

기독교 공인 후 교회는 교리의 갈등과 이단의 활동으로 혼돈의 역사도 겪었지만 교부에 의해 정통 기독교 진리를 지켜나갔고, 교회는 성령의 역사를 점점 더 확대시켰다.

3) 중세 시대(A.D. 590~1517)

교황 그레고리 1세(590년) 때부터 독일 교회의 신부 마르틴 루터가 종교개혁을 일으킨 1517년

*** 교부(敎父, Fathers)**
교부 시대에 활동한 안디옥의 감독 이그나티우스를 비롯해 사도 요한의 제자인 폴리캅, 기독교 신앙을 변증하다 순교한 저스틴, 그리고 리용의 이레니우스 등을 대표적으로 들 수 있다.

*** 콘스탄틴 대제**
로마 제국의 통일 전쟁에서 하나님의 계시에 따라 승리했다고 믿었고 기독교로 개종하였다. 313년에 기독교를 로마 제국의 공식적인 종교로 인정한(공인한) 로마 황제이다.

*** 변증가들(Apologists)**
그리스도교를 변호하고 그리스 로마 문화를 비판했던 사람들이다. 이들의 저작 중 상당수가 로마 황제들을 상대로 씌어졌으며, 실제로 이 문서를 받아들이거나 거부할 수 있는 권한을 가진 로마의 서기관에게 보내졌다.

까지의 약 1천 년의 기간을 말한다. 이때는 성도에게 성경을 보지 못하게 하였고 교회의 권력이 커지면서 교권주의에 빠지는 등 이른바 '암흑시대'가 되었다. 그러나 어둠 속에서도 성령의 역사는 끊이지 않고 계속 이어졌다.

(1) 수도원운동

- 교회의 영적 퇴보에 대항해 독신생활, 금욕, 금식을 행하는 수도사에 의한 수도원운동이 나타났다.

- 교회의 타락으로 성도는 현세보다 내세를 동경하게 되었으며, 세속의 삶에서 벗어나 금욕주의를 찾기도 했다.
  - ▶ 이는 금욕주의나 지나친 신비주의로 흐르지 않고 노동과 명상을 강조하는 '일하며 기도하는 운동'으로 발전하였다.

- 중세에 일어난 수도원운동은 바른 기독교 신앙을 고수하였고 일부 수도원을 중심으로 성령 역사의 맥을 이어나갔다.

(2) 수도단운동

- 기독교의 성지 예루살렘이 1071년 회교도에게 점령되자 신성 로마 제국 밑에 속해 있던 기독교 국가들이 성지 탈환을 위해 십자군전

*** 수도단운동**
1216년 도미니크(Dominic de Guzman, 1170~1221)가 도미니크파 수도단을 창설하고, 프란시스(Francis of Assisi, 1182~1226)가 프란시스파 수도단을 창설하였다. 라틴어를 쓰는 도미니크 수도단의 빈센트 페러가 설교했을 때, 방언의 은사를 통해 그리스인, 독일인, 헝가리인 등이 그의 설교를 알아들을 수 있었다. 그의 전도 여행에는 많은 신유와 예언의 은사가 나타났다.

쟁에 참여하였다.

▶ 십자군전쟁은 실패하였으나 동방 아시아와 서방 유럽 사이에 문물 교류가 일어났다.

• 세상과 단절되어 있던 수도원은 십자군전쟁으로 인한 새로운 변화로 세속화된 도시에 나가 그리스도의 사랑을 실천하기 시작했는데 이것이 수도단운동이다.

▶ 수도사들은 세속적 탐욕을 배격하고 검소하며 경건한 자세로 그리스도의 복음을 전했다.

• 중세의 대표적인 수도단으로 도미니크 수도단과 프란시스 수도단이 있는데, 수도단의 선교 여행 중 일부 수도사를 통해 신유와 기적의 역사가 나타났다.

(3) 신비주의 운동

• 십자군전쟁 이후 지적인 각성으로 스콜라 철학이 유럽에 확산되었고 영적으로는 신비주의 운동이 일어났다.

▶ 신비주의 운동은 지식에 치우친 스콜라 철학의 영향인 영적 갈급함을 해소하고자 하였다.

▶ 신비주의 운동은 서부 독일을 중심으로 확산되었는데 예언, 방언, 신유, 축사 등 많

*** 루터 교회**
'루터 교회'라는 명칭은 종교개혁을 비판하는 이들이 루터를 따르는 사람들을 비하하며 사용한 말이었는데, 나중에는 루터교인이 스스로를 부르는 자랑스러운 이름이 되었다.

*** 개혁파 교회**
개혁 교회(改革 敎會, Reformed Church)는 종교개혁 시대에 로마 가톨릭 교회로부터 분리된 개신교 교회이며, 신학적으로는 칼빈주의를 표방한다.

*** 영국 성공회**
영국 성공회(Church of England)는 16세기 영국 종교개혁으로 형성된 영국 국교회를 말한다. 성공회 공동체(Anglican Communion)의 원조(元祖)와도 같은 교회이다.

*** 경건주의**
17세기 독일 루터교에서 시작되어 유럽 기독교 국가들에 많은 영향을 주었다. 교회의 세속화에 반대하여 개인적 신앙을 강조했는데 이것이 주변 나라에 퍼졌고, 시간이 지남에 따라 사회적 · 교육적 관심사도 강조하게 되었다.

은 은사와 기적이 나타났다.

4) 종교개혁 시대(A.D. 1517~1648)

가톨릭 교회의 부패에 맞서 마르틴 루터가 비텐베르크 성전 문 앞에 '95개 조항'을 발표하면서 종교개혁이 시작되었다. 루터는 특히 교회에 성령의 은사가 존재함을 인정했다. 그는 죽어가던 동료 종교개혁자 멜랑히톤이 기도를 통해 회복되는 치유의 은사를 체험하고 이를 인정하게 되었다.

5) 종교개혁 이후(A.D. 1648~1900)

로마 가톨릭 교회에서 분리되어 개신교(프로테스탄트)가 나타났는데, 그들 중에는 루터 교회, 개혁 교회, 성공회 등과 같은 교파가 있었다. 각 교파의 교회는 자신들의 교리만을 강조했기 때문에 이들에 맞선 다양한 경건운동이 일어났다.

(1) 프랑스의 위그노 교도

- 위그노는 '밤의 유령'이라는 프랑스어로, 구교의 핍박을 피해 밤에 모여 예배 드리던 프랑스 신교도의 은사운동 집단이다.
  - ▶ 이들의 집회에는 방언, 방언 통역, 신유,

영 분별, 예언과 같은 은사들이 나타났다.

▶ 프랑스에서 위그노와 같은 성령운동을 하였으나 신교가 아닌 구교에 속한 사람들을 젠센파라고 부른다.

* **젠센파(Jansenists)**
프랑스에서 위그노 교도에게 성령 은사가 나타난 지 40년 후, 구교도에서 일어난 성령의 은사파가 '젠센파'이다. 방언, 영 분별, 예언의 은사 등이 나타났다.

(2) 독일의 모라비안 교도

• 독일 중심으로 일어난 영적 각성운동을 경건주의 운동이라 부른다.

• 경건주의 운동의 대표자는 독일의 진젠돌프 백작으로, 그는 모라비안 교도를 이끌었다.

▶ 복음 증거에 대한 열정이 있었고 체험적 신앙을 강조하였다.

▶ 방언의 은사가 선교를 위해 반드시 필요하다고 믿었으며, 방언의 은사 받기를 사모하였다.

(3) 영국의 감리교 운동

• 존 웨슬리(John Wesley, 1703~1791)는 영국에서 "세계는 나의 교구다(The world is my parish)"라는 구호를 걸고 감리교 운동을 전개했는데, 이로부터 현대 오순절 성령운동의 기반이 조성되었다고 볼 수 있다.

• 웨슬리는 간절한 기도를 통하여 올더스 게이트 집회에서 성령체험을 했다.

▶ 성령을 체험한 웨슬리는 자신을 '성령의 신학자'라고 하면서 삶 속에 역사하시는 성령의 역할을 강조하였다.

▶ 중생과 성화를 구분하였던 웨슬리의 주장은 중생과 성령침례를 구분하는 오순절 신학에 큰 영향을 미쳤다.

(4) 영국의 어빙파 운동

- 영국의 에드워드 어빙(Edward Irving, 1792~1834)은 초대교회 사도들이 행하던 성령의 역사가 다시 일어나야 한다고 강조했다.

  ▶ 어빙파를 중심으로 방언과 신유를 체험하는 강력한 은사운동이 나타났다.

- 어빙의 교회는 오래 가지 않았지만 그의 은사운동은 성령운동의 불모지인 영국에 성령의 은사에 대한 눈을 뜨게 하였다.

***어빙파**

영국의 어빙파는 근대에 가장 뚜렷하게 방언 및 은사운동을 일으킨 집단이다. 1831년 어빙이 시무하던 리전트 장로교회에서 한 병든 여성도에게 성령이 임하였고 병이 고쳐짐과 동시에 방언의 은사가 나타났다. 그 후 어빙 목사에게도 방언의 은사가 임했다.

4. 현대의 오순절 성령운동

1) 배경

근대로 들어서면서 종교개혁이 진행되는 동안 다른 한편에서는 인간의 이성을 깨우는 계몽주의가 시작되었다. 이런 조류는 성경을 인간의 이성으로 이해하려는 자유주의 신학을 낳았고, 전통적인 기독교 교리에 영향을 주어 신앙의 쇠퇴를 초래하였다. 자유주의 신학은 예수님이 하나님의 아들 되심을 부인, 성령의 역사에 의한 기적의 부인, 심지어 성경에 대한 권위까지도 도전했다. 자유주의 신학에 반대하여 복음주의 신앙을 지키려는 사람들에 의해 현대의 오순절 성령운동이 생겨났다.

(1) 케직 운동(Keswick Movement)

- 19세기 후반 미국 성결운동의 부흥사들이 영국 교회를 자주 방문하며 성결과 성령충만한 삶에 대해 영향을 준 것에서 비롯된 성령운동이다.
  - ▶ 1873년 미국인 스미스와 보드만은 영국에 있으면서 '고귀한 삶을 원하는 성직자와 평신도의 모임' 을 가졌다.
  - ▶ 1884년 옥스퍼드에서 '성서적 성결운동을 위한 연합회' 를 결성하고 성결모임을 개최했는데 8,000여 명이 모였다.

- 케직 운동가는 성령침례가 세계 복음화를 위해 성령님이 성도에게 주시는 특별한 능력이며, 두 번째 오순절로 가는 경험이라고 믿었다.

＊자유주의 신학

18세기 계몽주의의 영향을 받아 등장한 기독교 신학을 말한다. 자유주의 신학자들은 인간의 이성, 감정, 경험, 도덕적인 능력, 역사적인 낙관론, 문화 창조 능력을 강조하고 교회의 신학, 교리, 전통을 소홀히 하였다.

＊케직 운동

복음주의에 속한 그리스도인에 의해 1875년 영국의 케직에서 시작되었으며, 매년 여름 이곳에서 총회가 개최된다.

총회의 목적은 예수님을 믿는 이들의 영적 생명의 진보를 돕고 영적 상태를 회복하는 데 있다.

- 케직 운동의 가르침과 체험은 현대 오순절운동이 발전하는 데 결정적인 역할을 했다.

(2) 제3의 축복 불침례(Third Blessing-Baptism of Fire)

- 웨슬리는 그의 신학 사상의 근본 주제라 할 수 있는 구원론에서 은혜의 두 단계를 설명하고 있다.
  - ▶ 첫째는 죄에서 구원받아 의인이 되는 중생의 체험이다.
  - ▶ 둘째는 죄의 권세로부터 구원받는 완전 성화의 체험이다.

- 불침례성결교회는 방언이 성령침례를 받는 최초의 증거라고 하지는 않았지만, 성령침례를 성화에서 분리했다.
  - ▶ 성령침례가 중생과 성화 다음에 오기 때문에 '제3의 축복 불침례'라고 불렀다.
  - ▶ 그들의 주장은 오순절 부흥운동을 시작한 미국의 팔함 목사에게 영향을 주었다.

(3) 웨일즈 부흥(The Welsh Revival)

- 1904년에 일어난 웨일즈 부흥은 오순절주의의 기초를 형성하는 데 중요한 부분을 차지한다.
  - ▶ 영국 오순절운동과 미국 아주사거리 부흥운동 및 여타 지역의 오순절운동이 일어나

는 데 직접적인 동기부여를 하였다.

• 웨일즈 부흥운동의 특징은 틀에 박힌 종교 형식을 탈피하고, 사람들을 새로운 영적 세계로 인도한 것이다.
  ▶ 예배를 드릴 때 설교, 찬송, 기도, 헌금, 광고 등의 순서가 성령 안에서 자유롭고 개방적인 집회를 만들었다.
  ▶ 긴 시간 찬송하며, 온 청중이 합심하여 기도하고, 성령침례의 체험과 인도하심을 강조하였다.

2) 발전

현대 오순절 성령운동은 미국의 토페카 부흥운동과 아주사 부흥운동에서 시작되었고, 미국 전역과 세계로 확산되었다.

(1) 토페카 부흥운동

• 현대 오순절 부흥운동은 캔사스주 토페카에서 성결운동을 하던 팔함 목사를 통하여 시작되었다.
  ▶ 팔함을 '오순절운동의 아버지'라 부르는 것은 처음으로 '방언이 성령침례의 증거'라고 주장했기 때문이다.

＊토페카(Topeka)
팔함 목사가 세운 벧엘성서학교가 있던 곳으로 대부분의 오순절주의자는 이곳을 오순절운동의 중심지로 생각한다.

＊팔함(Charles F. Parham)
오순절 성령운동의 아버지로 불린다. 그는 중생에 이어 성령의 침례가 나타나야 한다는 것과 방언이 이런 체험의 표시라고 주장하였다.

- 토페카 부흥운동의 시발점은 팔함 목사가 세운 벧엘성서학교였다.
  - ▶ 팔함은 1900년 가을학기 종강에서 '사도행전에서 성령침례의 성경적 증거는 무엇인가?' 라는 연구 과제를 학생들에게 내주었다. 학생들은 한결같이 '다른 방언' 이라고 대답했다.
  - ▶ 팔함과 학생들은 방언에 따르는 성령침례만이 복음을 증거할 수 있는 사도적 능력을 회복하는 길이라고 확신하였다.

- 팔함은 1901년 1월 1일 저녁 7시에 신년을 맞아 찾아온 학생 75명과 함께 금식하며 기도하고 성령이 임재하기를 기다렸다.
  - ▶ 강력한 하나님의 능력이 그곳에 가득하게 되었고, 팔함 목사가 학생들 머리에 안수할 때 오즈만(Agnes N. Ozman) 양이 방언하기 시작하였다.
  - ▶ 계속된 기도로 1월 3일에 팔함 목사는 물론 다른 교단에 소속된 12명의 교역자가 전부 성령충만을 받고 방언으로 말하는 체험을 하게 되었다.

- 사도행전에 기록된 초대교회의 오순절 다락방 사건과 토페카 부흥운동은 동일한 사건으로 철저한 성경적 배경에서 시작된 운동이었다.

(2) 아주사 부흥운동

- 현대 오순절운동이 전 세계적인 부흥운동으로 발전한 것은 아주사거리 부흥운동의 결과였다.

- 1905년 4월 로스앤젤레스에서 케직 부흥사 마이어(Meyer)가 영국 웨일즈 지방의 성령의 역사를 간증하고 다니자 그와 같은 부흥을 갈망하는 교회와 선교회가 많이 생겨났다.
  ▶ 이후 로스앤젤레스에는 오순절운동이 일어날 수 있는 분위기와 여건이 형성되었다.

① 바니 브레 거리(Bonnie Brae Street)

▶ 1906년 2월 22일 팔함의 안수기도를 받고 파송받은 시무어는 로스앤젤레스의 산타페 거리에 있는 나사렛성결교회에서 설교하게 되었다.

▶ 시무어는 사도행전 2장 4절에 근거하여 방언을 말하지 않고는 참된 성령침례를 받았다 할 수 없다고 설교하였다.

▶ 1906년 4월 9일 시무어가 바니 브레 거리 214번지에 있는 에드워드 리의 집에서 기도회를 가졌을 때, 그곳에 모인 사람들이 성령침례를 받고 방언기도를 하였다.

*** 아주사 부흥운동**

현재 세계에 6억의 인구가 영향을 받았을 정도며 20세기의 대표적인 성령운동이었다. 오순절 성령운동이라 불리며 특히 1906년에서 1908년에 많은 사람이 참여하였다. 이 운동의 리더는 흑인 목사인 윌리엄 시무어(William J. Seymour)였다.

② 아주사 거리(Azusa Street)

▶ 바니 브레 거리의 모임이 커지자 1906년 4월 14일 시무어와 그를 따르던 사람들은 아주사 거리에 있는 옛 감리교회 건물을 빌려 모임을 갖고 밤을 지새우며 기도하였다.

• 아주사 부흥운동은 지속적으로 열리게 되었고, 집회에 수백 명, 수천 명의 사람이 운집했다.

(3) 미국 외의 부흥운동

• 아주사 부흥운동은 빠른 속도로 다른 교회와 전국에 전파되었고 수많은 선교사, 부흥사, 교회 사역자들이 몰려와서 회심하고 성령의 충만함을 받았다.

▶ 방문자들은 체험했던 오순절 신앙을 자신들의 지역으로 돌아가서 널리 확산시켰다.

• 오순절 부흥이 국제적으로 빠르게 확산된 것은 선교사들이 방언을 선교사역의 목적으로 주셨다는 신념을 가지고 오순절 신앙을 전했기 때문이다.

3) 종류

(1) 정통 오순절운동(Orthodox Pentecostal Movement)

- 정통 오순절운동에 속한 교단은 방언을 성령침례를 받은 최초의 외적 증거로 본다.

- 정통적 오순절운동에 속한 교단은 하나님의 성회, 하나님의 교회, 그리스도 하나님의 성회, 연합오순절교회, 미국 오순절 하나님의 교회 등이 있다.

(2) 신 오순절운동(Neo-Pentecostal Movement)

- 신 오순절운동은 은사운동(charismatic movement)이라 부른다.
  - ▶ 신 오순절운동가는 방언뿐만 아니라 다른 은사도 성령침례를 받은 증거라고 한다.
  - ▶ 1960년 4월 3일 성공회 신부인 데니스 베네트(Dennis Bennett)가 기도 중에 방언을 받았다는 고백에서 시작되었다.

- 신 오순절운동가는 오순절교회가 아닌 자신이 속한 교회에 그대로 남아 있으면서 오순절운동에 참여한다.

• 여기에 속하는 교단은 성공회, 루터교, 장로교, 감리교, 침례교, 형제교회, 회중교회, 그리스도교회, 그리스도 제자교회, 메노나이트 교회 등이다.

(3) 가톨릭 은사운동

• 미국 내에 몇 명의 가톨릭계 교수와 학생이 1967년 두퀘슨(Duquesne)과 노트르담(Notre Dame) 대학에서 오순절의 역사가 일어나기를 간절히 기도함으로 시작되었다.

▶ 이들 대부분이 방언을 받았고, 또 다른 은사로 예언, 영 분별, 축사 능력(power of exorcism)을 받았다.

▶ 체험의 결과로 기도회가 형성되었고, 그 후 수천 명의 가톨릭 성도가 성령으로 충만하여 방언을 하였다.

• 가톨릭 오순절운동의 지도자인 에드워드 오카너(Edward D. O'Conner)는 "이 사건은 초대교회에서 일어났던 것과 같은 은사적 활동"이라고 이 운동을 특징지었다.

*** 메노나이트 교회 (Mennonite Church)**
1512년 스위스의 종교개혁자 츠빙글리가 교회와 국가의 연합을 제의하였을 때 이를 반대한 개혁파들이 스위스 취리히에서 설립한 교단

5. 미국 하나님의 성회의 성립과 역사

1) 성립 배경

아주사 부흥운동이 전 미국과 캐나다에 급속히 퍼지자 성령을 체험한 오순절주의자들은 무분별하게 많은 집회를 열었다. 성경 해석과 신학의 이해 부족으로 오순절 집회에서 가르친 내용이 서로 일치되지 않을 뿐만 아니라 그중에는 거짓 설교자도 있었다. 그러나 그들을 검증할만한 기관은 없었다.

교단의 배경도 없이 집회를 이어간 오순절주의자들은 기존 교단으로부터 신비주의자, 감정주의자, 분리주의자라는 오해를 받았지만 이를 변호하고 보호해 줄 단체도 없었다. 이런 어려움을 극복하기 위해 신학적으로 일관된 교육을 하는 교육 기관, 전도나 선교를 효과적으로 할 수 있는 교단의 필요성을 절감하게 되었다.

2) 역사

구분	내용
교단 결성 (1914. 4. 12)	• 교단의 발단은 오순절 잡지 〈말씀과 증인〉의 1913년 12월 20일자 기사에 "모든 오순절 성도들이 모임을 갖자는 제안"에서 시작함 • 취지는 ① 교리적 분열 방지 ② 목적 달성 때까지 단합 ③ 돈을 모아 선교 수행 ④ 결성된 교단을 위한 헌법 제정 ⑤ 신앙 통합을 위한 신학교 건립 등으로 모아짐 • 1914년 22개 주 교역자와 약 300명 이상의 해외 선교사가 4월 2일부터 3일간 설교, 기도, 친교의 시간을 갖고, 4월 6일에 열린 회의에서 교단의 명칭을 '하나님의 성회'(Assemblies of God)로 정함 • 벨(E. N. Bell)이 발행하는 〈말씀과 증인〉과 플라워(J. R. Flower)가 발행하는 〈크리스천 복음〉이 공식 교단지로 채택되고, 당시 개교회가 운영한 10개의 오순절학교 중 2개 교가 인정됨 • 1914년 4월 12일 회의 종료와 함께 하나님의 성회가 출범함
시련기 (1914~1916)	• 제2차 총회는 35개 주와 캐나다 및 여섯 나라에서 522명이 등록, 콜린스(A. P. Collins) 의장, 플라워(J. R. Flower) 총무, 오퍼맨(D. C. Opperman) 부의장, 로렌스(B. F. Lawrence) 부총무를 선출함 • 초대 의장 벨이 '오직 예수 운동'에 집착해서 교단 총회에 불참하였고 많은 목사의 교단 이탈 문제가 발생함으로 1915년 긴급 회의를 세인트루이스(St. Louis) 시(市)에서 개최함 • 1916년 총회에서 새 의장 웰치(J. W. Welch), 부의장 셀(W. G. Schell), 총무 플라워, 부총무 로렌스가 선임되었으며, 총회 내의 삼위일체 성도가 승리하여, 이를 부인한 '오직 예수 운동'은 정죄 받음 • 교리 부족으로 인한 혼란으로 5개 항의 교단 신조를 제정함. 방언이 성령침례의 유력한 증거라는 내용과 함께 '근본 진리의 선언'을 통과시킴
안정기 (1916~1941)	• 1916년에 채택한 '근본 진리의 선언'에 있는 '성령침례의 증거를 방언'이라고 하는 내용이 교리적인 쟁점이 되었으나 해결됨 • '오직 예수 운동'에서 벗어난 하나님의 성회는 해외 선교에 헌신한 총회원들의 선교 헌금과 선교사 파송으로 더욱 발전함

구분	내용
안정기 (1916~1941)	• 해외로 파송된 선교사가 1914년에는 15명, 1918년에는 73명(14개국)이 되었으며, 1925년에는 '선교국'이 설립됨. 1927년 젊은 영국 선교사인 퍼킨(Noel Perkin)이 선교국 총무로 임명되었으며 1959년 은퇴 전까지 선교의 확장을 위해 노력함 • 총회의 두 교단지는 '성령침례 증거' 논쟁 이후 오순절 특성에 맞는 〈오순절적 복음〉으로 개명함 • 하나님의 성회 주일학교 인쇄물이 1927년에 연간 8백만 부를 찍게 되었고, 신학교도 처음 공인된 2개의 신학교 외에 여러 곳에 설립됨 • 총 회원은 1917년에 429명에서 573명, 1918년에 819명으로 늘어났고, 1918년 봄에는 총회 본부를 미주리 주 스프링필드로 옮김
성장기 (1941~현재)	• 성결교회에서는 오순절주의가 광적이고, 성령침례 교리는 비성경적이라고 비난함 • 근본주의자는 오순절주의를 '감정주의'라고 비난했고, 세대주의 입장을 내세워 방언과 신유는 비성경적이라고 비난함 • 타 교단은 1920년에서 1936년까지 무려 2백만 명의 교인(전 성도수의 8%)이 감소한 반면, 같은 기간에 하나님의 성회는 208.7% 증가하고, 하나님의 교회(Church of God)는 98.8% 증가함 • 하나님의 성회는 타 교단과 대립하기보다 하나님으로부터 부여받은 사명감을 가지고 최선을 다해 봉사하고 선교함으로써 점차 진실성을 인정받았고, 1942년부터는 다른 복음주의자와 어깨를 나란히 하게 됨

THE
CHURCH
AND
WORLD

32과

한국교회의 오순절 성령운동

1. 한국교회의 오순절 성령운동

1) 성령운동의 시작과 전개

2) 한국교회의 수난과 성령운동

3) 한국교회의 재건과 성령운동

4) 한국교회의 확장과 성령운동

2. 한국 오순절교회의 성립과 발전

1) 한국 오순절교회의 성립

2) 한국 오순절교회의 성장

3) 한국 오순절교회의 수난

4) 한국 오순절교회의 재건

3. 기독교 대한 하나님의 성회

1) 기독교 대한 하나님의 성회의 설립

2) 기독교 대한 하나님의 성회의 발전

THE CHURCH AND WORLD

32과 한국교회의 오순절 성령운동

1. 한국교회의 오순절 성령운동

1) 성령운동의 시작과 전개

한국의 성령운동은 선교 사역을 하던 외국 선교사들의 성령체험에 의해 시작되었다고 볼 수 있다. 특히 일제강점기에서 나라의 해방과 하나님을 찾는 뜨거운 신앙을 위해 기도하던 교회에 의해 크게 활성화되었다.

(1) 제1차 부흥(1903년)

• 한국 성령운동의 시초는 캐나다 남감리교 출신으로 의사면서 선교사였던 로버트 하디(R. A. Hardie) 목사에 의하여 시작되었다.

• 그는 1903년 8월 원산에서 열리는 집회에 참석하기 위해 묵었던 여관에서 말씀과 기도를 통하여 철저한 회개를 경험했다.

▶ "나는 의사라는 자부심과 백인이라는 우월

***한국교회의 성령운동**

1. 부성적(父性的) 유형
유교적 전통에 입각하여 율법주의적 엄격성과 보수적 근본주의의 신앙 형태를 지니며 외향적 사회 참여의 특징을 보인다.

2. 모성적(母性的) 유형
개인주의적이며 내향적인 신앙형태로 성령의 능력에 의한 치유와 회복 사역이 사회통합에 기여한 것으로 평가된다.

주의에 빠져 선교 실패를 한국 사람의 죄탓으로 여겼다"며 눈물로 회개했다.

▶ 회개 후에 성령의 강한 임재를 체험했다.

- 원산 선교사 연합사경회에서 회개한 후에 임했던 성령체험을 간증하였다.

- 이 사건을 시작으로 성도의 집단적인 회개운동이 일어나 교회의 순결성이 회복되었고, 성도수가 크게 증가하였다.

- 하디 목사는 이후 1906년 평양에서 감리교와 장로교 선교사 연합기도회를 인도하며 자신의 체험을 간증하였는데, 이는 1907년 평양 부흥운동의 기폭제가 되었다.

(2) 제2차 부흥(1905년~1906년)

- 평양에서 열린 성경학교에 700명의 성도가 등록하였으며 집회 중 성령의 역사로 큰 회개의 역사가 나타났다.

- 미국 북장로회 이길함(Graham Lee) 선교사를 필두로 열린 한국인 제직자를 위한 특별사경회가 부흥운동의 열기를 가속화했다.

- 일제의 침략으로 인해 희망을 상실한 성도에

＊사경회(査經會)
한국 기독교 부흥의 기틀을 형성한 모임으로, 한국 최초의 선교사인 언더우드 목사의 집에서 7명의 성도가 모여 성경공부를 한 것에서 비롯되었다. 처음에는 사경반(査經班)이라 불렸다.

게 특별 부흥 사경회는 하늘나라에 대한 소망과 영적으로 큰 위안을 주었다.

• 부흥운동은 전국적으로 진행되었고 성령의 역사로 교회마다 많은 성도가 유입되었다.

(3) 제3차 부흥(1907년)

• 1907년 1월 초 평양 장대현교회에서 낮에는 성경 사경회와 밤에는 부흥 전도회를 열었는데 성령의 능력이 강하게 나타났다.
  ▶ 블레어(W. N. Blair), 베어드(W. M. Baird), 이길함(Graham Lee) 선교사와 길선주 장로 등이 집회를 인도하였으며 약 1,500명의 성도가 참석하였다.

• 집회 마지막 날인 1월 14일 블레어 목사가 인도한 저녁 집회 후에 통성기도 가운데 성령강림과 함께 강력한 회개의 역사가 일어났다.
  ▶ 한국의 성령운동은 말씀과 기도 중심의 집단 회개를 통해 삶이 변화되는 갱신운동이었다.

2) 한국교회의 수난과 성령운동

일제의 조직적인 침략은 한일강제합방(1910. 8. 22)으로 이어졌고 한국은 일본의 식민지가 되

＊장대현교회

1894년 평양 선교의 아버지로 불리는 사무엘 마펫이 세웠다. 장대현교회는 처음에 다양한 이름을 가지고 있었다. 널다리골에 있는 기와집에서 예배를 드리기 시작하여 널다리골교회, 평양의 중심이 되는 교회라고 해서 중앙교회, 그리고 제일 먼저 시작된 교회라 해서 제일교회라고도 했다.

우리 민족의 아픈 역사인 일제강점기, 독립운동의 가장 선두에 섰던 사람들이 바로 장대현교회의 성도였다. 장대현교회를 담임하였던 길선주 목사는 3·1운동 독립선언서에 서명한 16인의 그리스도인 대표였다. 이 일로 인해 길선주 목사와 장대현교회의 지도자들이 옥살이를 하기도 했다.

었다. 식민지 초기에 교회는 정치와 중립적 입장을 취하였기 때문에 어느 정도 성장이 가능했다. 이후 애국지사와 민족 지도자들이 교회 안에서 신앙생활과 민족운동을 병행하자 일제는 기독교가 자신들의 통치에 방해된다고 판단하였고 교회를 탄압하기 시작했다. 일제는 모든 종교의식에 간섭하고 '105인 사건' 을 조작하는 등 교회를 탄압하며 집회를 통제하였다.

(1) 사회의식과 참여(1920년대)

- 3 · 1운동 당시 독립선언서에 서명한 33명 중 16명이 그리스도인이었는데, 이 때문에 일제는 교회에 가혹한 박해를 가하였다.

- 3 · 1운동의 실패로 한국교회 내부에는 내세 지향적이고 신비적인 경건주의가 뿌리내렸다.

- YMCA를 중심으로 한 농촌사업을 시작으로 기독교의 사회 참여가 본격적으로 추진되었다.

(2) 신사참배(1930년대)

- 1918년부터 국민정신을 통일시켜 군사력을 증진시킬 목적으로 신사(神社)를 들여왔지만, 초기에는 참배를 강요하지 않았다.

＊105인 사건
1911년 일제가 무단통치의 일환으로 애국적 민족운동을 탄압하기 위해 1910년의 데라우치 마사다케(寺內正毅) 총독의 암살 미수 사건을 확대, 조작하였고 신민회(일제에 반대하여 국권 회복을 목적으로 창건한 전국 규모의 비밀 결사조직) 간부 및 애국계몽 운동가를 투옥시켰다.

＊YMCA(Young Men's Christian Association)
정식 명칭은 '그리스도교 청년회' 이다. 그리스도교의 신앙에 의거해서 청년(남자)의 인간 교육과 사회봉사를 목적으로 하는 세계적 단체이다.

＊신사참배
신사란 일본의 고유 종교인 신도(神道)에서 신령을 모시는 곳이다.
신도에 의하면 일본 국민, 특히 왕족은 '아마데라스' 라는 '해의 신' 의 직계 자손으로 우수한 종족이며 일왕이 온 세계를 다스려야 한다고 한다. 1930년대 일본은 세계를 정복하려는 야심에 국민정신을 통일시키고 국력을 증진할 목적으로 전 국민의 신사참배를 시행하였다.

- 1930년대 만주사변과 중일전쟁을 겪으면서 한국에 '동화정책'을 심화시켰고, '황민화 정책'을 강행하기 위해 본격적으로 신사참배를 강요하였다.

- 기독교 내의 두 반응은 다음과 같았다.
  ▶ 정치적 의미 : 일왕(日王)에 대한 충성과 존경의 표시
  ▶ 종교적 의미 : 신앙의 문제로 우상숭배 거절

- 교회에 대한 회유와 탄압으로 거의 모든 교단이 참배를 결의하였지만 신사참배를 거부한 평양신학교는 폐쇄되었고, 주기철 목사 등 여러 사람이 순교하였다.

(3) 한국교회의 수난

- 1930년대 성령운동은 고난을 견디는 능력으로 작용하였다.
  ▶ 성령체험과 신유적 은사운동은 일제 치하의 성도에게 내세에 대한 소망을 갖게 하며 더불어 현실을 극복하게 하였다.

- 교회 간의 연합운동보다는 특정 인물이 주도하는 개인적 성향의 성령운동에 의해 명맥을 유지하였다.

*** 동화정책**
동화란 개인이나 집단이 다른 문화의 개인이나 집단으로부터 그 문화를 받아들여 공통 문화를 가지게 되는 과정을 말한다. 이것이 국가 정책의 형태로 일방적이고 강제성을 지닐 경우를 동화정책이라고 한다.

*** 황민화(皇民化)**
일제강점기 일본이 한국 국민을 일본 천황의 충실한 백성으로 만들기 위해 내세웠던 정책

① 길선주 목사(1869~1935)

▶ 선교사를 통해 부흥회에서 받은 성령의 불길을 간직한 길선주 목사는 한국 최초의 장로교 목사 일곱 명 가운데 한 사람으로 새벽기도회를 창설하여 회개운동을 전개하였다.

▶ 말씀 읽기를 강조하여 구약과 신약을 수십 회 정독하였고 국교회의 부흥 사경회를 확립했다. 요한계시록을 만 번 읽은 후 말세론을 강해하여 일제치하의 한국 민족에게 용기와 소망을 주었다.

② 김익두 목사(1874~1950)

▶ 길선주 목사의 뒤를 이어 대중 전도에 매진하다가 6.25전쟁 때 공산당에 의해 순교당한 김익두 목사는 신유의 사도로 잘 알려져 있으며, 영력을 얻기 위해 많은 기도를 하였다.

• 기사와 이적을 동반한 전도운동을 강조했으며 특히 그의 사역에는 신유의 역사가 많이 나타났다.

▶ 일제의 탄압에도 불구하고 '백만 인의 영을 그리스도께로' 라는 대규모의 집단 성령운동을 전개하였다.

*** 길선주 목사의 말세론**

길선주 목사의 말세론은 세대주의 전천년설이며, 그의 종말론 형성에 영향을 준 인물은 게일 선교사이다.

*** 백만 인 구령운동**

1909년 10월 장감(장로교, 감리교) 연합공의회가 서울에서 열렸다. 참석한 이들은 기도하고 회의한 후에 '백만 인 구령운동' 을 1910년의 공식 캠페인으로 채택했다. 이는 평양대부흥운동을 거치면서 교계 전반에 연합운동이 활발하게 추진되고 있었기 때문에 가능했다.

③ 이용도 목사(1901~1933)

- ▶ 모친의 영향으로 어린 시절부터 열심히 기도생활을 했다.
- ▶ 그가 단 위에서 기도만 하고 눈물만 흘린 집회에도 위로가 있었기에 많은 사람이 모여들었다.
- ▶ 성령충만한 예배와 통성기도로 인해 수많은 영혼이 회심하였고 방언과 예언의 은사가 나타났다.

④ 최봉석(최권능) 목사(1869~1944)

- ▶ 기도를 통한 강한 영성으로 노방 전도와 개인 전도에 주력한 목사였다.
- ▶ '예수천당 불신지옥!'의 단순한 구호를 외쳤지만 많은 사람이 구원받았으며 28개의 교회를 건립하였다.
- ▶ 신사참배를 거부해 옥중생활을 하는 중에도 40일 금식기도를 하였으며, 석방되었지만 옥고로 인해 세상을 떠났다.

3) 한국교회의 재건과 성령운동

1945년 8.15해방으로 한국교회는 자유롭게 신앙생활을 할 수 있게 되었지만 심각한 문제가 대두되었다. 일제치하 말기에 신사참배를 반대한 교회와 신사참배에 가담한 교회 사이에 갈등

이 일어난 것이다. 이 문제는 한국교회 장로교단의 분열을 가져오는 계기가 되었다.

해방을 맞이했음에도 한국은 국제정세로 인해 신탁통치를 받게 되었고, 강대국(미 · 소) 간의 협정에 따라 남북이 분할되었다. 이와 같은 이념적 신탁통치에 의한 분리는 6.25사변을 초래하였고 한국교회는 최대의 수난기를 맞게 되었다.

(1) 재건기의 성령운동

- 일제시대의 성령운동은 개인 중심의 양상을 띠었으나 해방 후의 성령운동은 언론, 집회, 결사의 자유가 보장되어 조직화되고 점차 집단적 성격으로 발전하였다.

- 해방 후 성령운동은 잘못된 신앙형태로 발전되기도 했는데 지금까지도 한국교회에 부정적인 영향을 미치고 있다.
  ▶ 잘못된 성령운동은 한국교회에 이단을 양성했는데 그 중심에는 박태선의 전도관, 문선명의 통일교, 노광공의 동방교 등이 있다.

(2) 한국전쟁 후의 성령운동

- 6.25전쟁 후 한국의 성령운동은 미국 오순절 교단을 통하여 '하나님의 성회'의 신앙운동

＊결사의 자유

결사의 자유란 다수가 공동의 목적을 가지고 계속적인 단체를 조직하는 자유를 말한다. 근대의 권리선언(權利宣言)에서 보장되는 전통적인 자유의 하나이다.

특히 근세에 이르러 정치적 단체 조직과의 관계에 있어서 반드시 보장되어야 할 민주사회 국민의 기본권 중 하나이다.

＊동방교(東方教)

노광공(盧光公)을 교주로 하여 창시된 기독교계의 신종교를 말한다. 동방교라는 명칭 외에도 대한예수교가정예배소, 밀알복음전도회, 이레교, 이레할아버지교, 참길교 등으로 불린다.

노광공은 1914년 평양 출신으로, 일제강점기에는 일본 경찰의 순사부장을 지냈으며, 1956년에는 동방교라는 교단을 조직했다. 부흥회를 통해 질병을 치유하고 죽은 자를 부활시킨다는 소문이 나자, 기존 교회에서 이탈한 성도가 대거 몰려가 교단은 급속도로 성장했다. 시한부 종말론을 주장하며 1965년 8월 15일을 비롯하여 여러 번 심판 날짜를 발표하기도 하였다.

과 접목되면서 오순절 교단을 중심으로 발전, 확산되었다.

- 이 기간의 성령운동은 오순절 교단뿐만 아니라 다른 교단의 지도자를 통해서도 전개되었다.

① 이성봉 목사(1900~1965)

▶ 성결교의 이성봉 목사는 기도를 강조했으며 개인적 성령운동을 전개하였다.

▶ 전국 순회 부흥사로 강력한 성령의 역사(신유, 축귀)가 나타났으며, 부흥전도대를 조직하여 전도하였다.

② 박용묵 목사(1918~1991)

▶ 장로교의 부흥사로 복음 전도의 열정으로 비신자를 위한 전도 강연과 문서 전도(소책자, 전도지)를 시행하였다.

▶ 한국기독교부흥협의회의 초대 회장을 역임하였다.

③ 나운몽 장로(1914~2009)

▶ 감리교 성도였던 그는 성경학교, 신학교, 기도원을 세워 교역자 양성에 힘썼다.

▶ 용문산 기도원을 설립하였는데 이곳에서 신유와 방언, 입신 등의 은사 체험이 나타났다.

▶ 당시 기독교계 신문인 기독교공보(현 예장 통합기관지 기독공보)를 발간하였다.

4) 한국교회의 확장과 성령운동

6.25전쟁으로 한국은 산업 기반이 파괴되었고 수많은 사람이 죽거나 실종되는 등 인적, 물적, 사회적인 침체와 혼란이 만연하였다. 이처럼 불안정한 사회 조류로 인해 한국교회 내에 신비주의 신앙, 이질적 신앙, 무속 신앙 등이 들어왔다.

다행스러운 것은 전후의 극한 상황에서도 교파 간에 단합이 형성되어 '73 빌리 그래함 대전도집회, '74 엑스플로대회, '77 민족성회, '80 세계복음화대회, '84 선교100주년 대성회 등이 열리게 되었다. 이로 인해 한국교회는 세계 교회사에서 찾아볼 수 없는 놀라운 성장을 가져오게 되었다.

무엇보다 빌리 그래함 등의 외국 목사와 국내 부흥사인 장로교 신현균 목사, 성결교 이만신 목사, 침례교 오관석 목사 등에 의한 교파별 부흥운동이 한국교회의 안정과 성장을 이루었다. 특히 기독교 대한 하나님의 성회 조용기 목사는 강력한 성령운동을 전개함으로써 단일교회로는 세계 최대의 교회를 이루었고, 한국과 전 세계의 성령운동을 주도하였다.

2. 한국 오순절교회의 성립과 발전

1) 한국 오순절교회의 성립

한국 오순절교회 성립의 기초를 세운 사람은 감리교 출신인 미국인 선교사 럼시와 구세군 출신의 허홍, 일본 성서신학교를 졸업한 박성산, 그리고 일본 나고야신학원을 마친 배부근이었다.

(1) 럼시(Mary C. Rumsey) 선교사

- 럼시 선교사는 L.A. 아주사거리 대부흥집회(1906~1907)에서 성령침례를 받고 감리교 계통의 신학을 공부했다.
  - ▶ 1906년 4월 로스앤젤레스의 한 다락방에서 "한국으로 가라"는 성령의 음성을 듣고 선교사가 될 것을 작정했다.
  - ▶ 럼시는 의사 출신 선교사인 하디 목사가 기거하던 정동 감리교 시병원(施病院)에 거처를 정했다.
  - ▶ 이 병원은 감리교가 한국에 건립한 최초의 병원으로 의료 선교사 스크랜튼(W. B. Scranton)과 헤론(John F. Heron)이 세웠다.

- 럼시 선교사가 기도하고 처음 방문한 곳은 구

***럼시**
뉴욕 근교의 감리교회 성가대원이었던 럼시 선교사는 1906년 4월 로스앤젤레스 대부흥 때 "한국으로 가라!"는 하나님의 음성을 듣고 감리교 계통의 신학공부를 하였다.

***시병원**
기관이나 단체에서 운영하는 병원을 말한다.

세군 서울 본영 사무실이었다.

▶ 그는 사무실에서 일하고 있던 청년 허홍에게 오순절의 체험 신앙과 메시지를 전했다.

• 럼시 선교사와 허홍은 한국 최초의 오순절교회인 서빙고교회를 설립하였다.

(2) 허홍 목사

• 1907년 12월 9일 충남에서 허곤의 차남으로 태어났다.

• 아버지가 구세군 사관인 까닭으로 구세군 본영 서울 사무소에서 일하고 있었지만 나라를 잃고 민족적 차별을 받는 입장에서 새로운 돌파구를 찾기 위해 기도 중에 있었다.

▶ 이때 허홍은 선교 사업을 같이 하자는 럼시 선교사를 만나게 되었다.

• 허홍 목사와 럼시 선교사는 시병원에 선교본부를 두고 '이 땅에 오순절 신앙을 전하기 위해 한 마음이 되어야 한다'는 생각을 가졌다.

▶ 허홍 목사는 럼시 선교사로부터 성경을 배우면서 은사를 체험하였다.

• 허홍 목사는 이후 한국인으로 기독교 대한 하

*** 구세군(救世軍)**

1865년 런던 이스트 앤드에서 복음 선교를 시작한 감리교 목사 윌리엄 부스에 의해 창시되었다.

군대식으로 조직, 운영되는 국제적 규모의 그리스도교 교파이자 자선단체이다. 구세군은 80개국 이상의 나라에 조직되어 있고, 16,000개의 전도 센터에서 약 112개 언어로 복음을 전파하고 있으며 또 3,000개가 넘는 사회복지 단체, 병원, 학교, 기관을 운영하고 있다. 본부는 런던에 있다.

나님의 성회의 초대 총회장이 되었다.

(3) 박성산 목사

- 1908년 1월 20일 경북에서 박동희의 장남으로 태어났다.

- 일제시대에 공립보통학교와 대구계성학교를 졸업했고, 청년시절 농촌 문제, 사회 개발 문제에 관심을 갖고 금주·금연운동을 하던 민족계몽 운동가였다.

- 유학을 위해 일본에 건너가 많은 차별을 받았으나 간신히 일본 성서신학교에서 공부할 수 있었다.

- 당시 선교회의차 일본을 방문한 럼시 선교사를 만났고 졸업 후에 한국에 돌아와 서빙고교회를 담임하게 되었다.
  ▶ 오순절 신앙을 전파했는데, 그의 오순절 신앙은 사도행전에 입각한 근본주의로 방언과 신유, 권능을 강조하였다.

- 한국교회는 한국 오순절교회를 가리켜 '방언파' 라고 하며 핍박하였는데, 이는 한국교계뿐만 아니라 오순절교회 내의 성도들의 가족에 의해서도 자행되었다.

(4) 배부근 목사

- 1906년 6월 16일 강원도에서 배덕노의 장남으로 출생했다.

- 모친의 사망 후 가세가 기울었으나 배영학교에 입학했고, 1925년 배영학교장인 브라만 선교사에게 신앙 교육을 받았다.

- 1928년 일본으로 건너가 나고야신학원을 다녔고, 졸업 후 존 주르겐 원장이 경영하는 신학교에서 성령침례를 받았다.
  - ▶ 1931년 귀국하여 수창동교회를 개척하였다.
  - ▶ 개척 자금과 임대료는 미국 오순절교회 소속의 팔선(T. M. Parsons) 선교사가 부담했다.

2) 한국 오순절교회의 성장

1930년 미국 오순절교회 소속의 팔선 선교사가 개인적으로 방한하여 미국 오순절교회에 선교사 파송을 요청하였다. 1933년에는 영국 오순절교회 메레디드와 베시 선교사가 개인적으로 방한하였다. 이들은 조선 오순절교회의 개척과 성장에 도움을 주었다. 1938년 10월 5일, 정동 시병원에 위치한 오순절교회 선교 본부에서는 허홍, 박성산, 배부근이 영국과 미국의 선교

＊미국 오순절교회
미국 오순절교회는 1919년 시카고에서 미국오순절성회라는 이름으로 조직되었으며, 1922년에 현재의 명칭으로 바뀌었다.

＊조선 오순절교회
현 '기독교 대한 하나님의 성회', 즉 오순절교회의 전신(前身)의 명칭이다.

사 5인의 안수위원에 의해 목사로 임직 받았다.

3) 한국 오순절교회의 수난

중일전쟁(1937~1945) 발발 후 일제는 신사참배를 강요하며 조직적으로 기독교를 박해하기 시작했다. 한국 오순절교회의 중요한 선교사인 럼시, 메레디드와 베시 등 선교사들이 강제 출국을 당하면서 오순절교회는 구심점을 상실하였다. 허홍 목사는 중병에 걸렸고, 배부근 목사와 박성산 목사는 개인적으로 전도에 힘썼으나 재정 후원이 끊어지고 일제의 집요한 탄압에 의해 교회가 문을 닫게 되었다.

＊중일전쟁(中日戰爭)
1937년 7월 7일 일본의 중국 대륙 침략으로 시작되어 1945년 제2차 세계대전이 끝날 때까지 계속된 중국과 일본 사이의 전쟁이다. 중일전쟁은 20세기 아시아에 발생한 최대 규모의 전쟁이었다.

4) 한국 오순절교회의 재건

한국에서 일제의 탄압과는 대조적으로 일본에서는 곽봉조 목사가 오사카교회를 개척하였는데, 성도수가 200명으로 성장하였다. 이 교회에서 은혜를 체험한 윤성덕 목사, 김성환 목사, 박귀임 전도사 등이 해방 후에 귀국하여 오순절교회의 명맥을 이어갔다.

(1) 재건 활동

- 일제 탄압에서 벗어나 신앙의 자유를 회복하였지만 서울에 나타난 오순절교회의 성령운

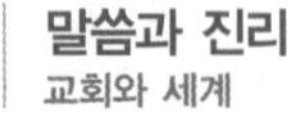

동은 미약하였다.

- 일본에서 돌아온 새로운 오순절교회 지도자들이 전남 지방을 중심으로 재건 활동을 시작하였다.
  - ▶ 순천 오순절교회는 박귀임 전도사에 의해 설립되었고, 박헌근 전도사의 부임 이후 크게 성장하였다.
  - ▶ 목포 오순절교회는 김성환 목사에 의해 설립되어 부흥하였다. 광산에서는 윤성덕 목사가 교회를 개척하였다.

- 박성산 목사는 배부근, 허홍 목사와 함께 오순절교회의 재건을 목적으로 전국을 순회하며 집회를 이끌었다.

(2) 대한 기독교 오순절교회의 탄생

- 1950년 4월 9일, 순천 오순절교회에 약 2백 명의 오순절 성도가 모여 제1회 '대한 기독교 오순절 대회'를 개최하였다.
  - ▶ 조선 오순절교회가 대한 기독교 오순절교회로 가는 공식적인 전환점이 되었다.
  - ▶ 1953년 4월 8일 '기독교 대한 하나님의 성회'가 결성되는 계기를 마련하였다.

＊순복음신학교 개교 및 역사

1. 1953년 5월 남부교회에서 개교하여 초대 교장으로 체스넛 목사, 학감으로 허홍 목사 부임
2. 1955년 2대 교장으로 스텟츠(John Stets) 선교사 부임
3. 1958년 8월 3대 교장으로 존스톤(R. L. Johnston) 선교사 부임
4. 1960년 3월 신축 기공식

＊순복음(純福音)

영어의 'Full Gospel'을 한국어로 번역한 것이다.

3. 기독교 대한 하나님의 성회 (기하성)

1) 기독교 대한 하나님의 성회의 설립 (1953. 4. 8)

해방 후 허홍 목사, 박성산 목사, 배부근 목사는 1950년 4월 9일 제1회 대한 기독교 오순절 대회를 열었지만 6.25전쟁으로 말미암아 오순절교회의 조직은 와해되었다. 전쟁 중에 미국 하나님의 성회의 군목으로 한국에 온 엘라우드(Ellowed) 목사는 한국 오순절교회의 상황을 조사하다 허홍 목사를 만나 1년 동안 함께 예배를 드렸다.

그는 1951년 귀국하면서 허홍 목사에게 미국 '하나님의 성회'를 통하여 한국에도 '하나님의 성회 교회'를 세우겠다고 약속했다. 그 결과 1952년 미국 하나님의 성회 동양 선교부장 오스굳(Osgood) 목사가 허홍 목사, 박성산 목사, 배부근 목사를 만나 한국 오순절교회의 현황을 파악하게 됐다. 그해 12월 15일 한국 최초의 미국 하나님의 성회 선교사인 체스넛(Arthur B. Chestnut) 목사가 입국하였다.

1953년 4월 8일 서울 용산구 한강로에 위치한 허홍 목사의 남부교회에서 교단 창립 총회를 개최하여 교단의 정식 명칭을 기독교 대한 하나님의 성회(Korea Assemblies of God, 이하 기하성)로 하였다. 교단 창립에 참가했던 사람들은 체스넛 목사, 박성산 목사, 허홍 목사, 배부근 목사, 유성덕 목사, 곽봉조 목사, 박귀임 전도사였으며 그 외 4인이 참관하였다.

2) 기독교 대한 하나님의 성회의 발전

(1) 1950년대(초기의 시대적 배경)

- 교단 신학교인 순복음신학교가 용산구 한강로에 위치한 남부교회에서 시작하여(1953. 5), 이후 서대문구 충정로에 위치한 서대문 교사로 이전하였다(1953. 8).

- 교단은 발전을 거듭하여 1953년 19개 교회에서 1955년 37개 교회로 성장하였다.

- 기하성은 1957년 가을 최초의 집회를 개최했는데, 당시 집회는 미국인 부흥사 허만(H. Herman) 목사가 초빙되어 중앙청 앞 광장에서 24일 동안 열렸다.

(2) 1960년대(도약의 시기)

- 기하성 교단은 한국에서 오순절운동을 주도함으로써 괄목할 만한 성장을 이루었으며, 교회 명칭에 '순복음'이 들어가게 되었다.

• 미국 하나님의 성회의 전폭적인 지원을 통해 교회 사업, 문서 사업, 선교 사업, 신학교 확장 등을 추진하였다.

▶ 대조동 순복음신학교를 신축 기공하였다 (1960. 3).

• 제15회 총회를 계기로 미국 선교사에 의한 총회 구성에서 탈피하여 한국인 주도의 총회로 변모하였다.

(3) 1970년대(세계적 교단으로 성장)

• 기하성은 발전을 계속하여 1971년 국내 4대 교단으로 성장하였다.

• 빌리 그래함 목사를 초청하여 여의도 성회 (1973)를 개최하였다.

• 제10차 세계 오순절 대회(1973. 9. 18~23)를 통해 오순절 성령운동의 세계적인 연합을 도모하였다.

• '74엑스플로성회로 민족 복음화를 위한 체제를 정비하였다.

• '민족 복음화를 위해, 한국인에 의해서, 오직 성령으로'라는 구호 아래 '77 민족복음화성회를 개최하였다.

*** '74 엑스플로성회**
1974년 한국대학생선교회(CCC) 대표였던 김준곤 목사의 주도로 서울 여의도 광장에서 열린 전도훈련 집회

*** '77 민족복음화성회**
1977년 8월 15일 서울 여의도 광장에서 열린 집회이다. 1973년의 빌리 그래함 대회, '74 엑스플로성회를 거치면서 한국인에 의한 자주적인 민족대부흥 집회의 필요성을 느꼈으며, 한국부흥사협의회(회장 신현균 목사)를 중심으로 1907년 대부흥운동의 70주년이 되는 1977년 개최를 목표로 준비되었다. 첫날에 80만 성도가 모였고, 밤에는 30만 성도가 남아 철야하면서 나라와 민족을 위해 기도하였다.

(4) 1980년대(비약적 성장기)

- 비약적으로 발전하던 기하성은 1981년 4월에 '교단 창립 30주년 기념 대회'를 개최하였다.
- 예수교대한하나님의성회가 새로 창립됨으로 (1985. 1. 1) 교단 분열의 아픔을 겪게 되었다.

(5) 1990년대(제3세계를 향한 선교 방향의 전환)

- 미국이나 유럽 중심의 선교 정책에서 복음으로부터 소외된 제3세계 선교로 전환함과 동시에 선교 영역을 확장해 나갔다.

(6) 2000년대 이후(세계 성령운동의 주도)

- 해외선교사 파송이 급증하였다.
- '교단 창립 50주년 희년대성회'(2003. 5. 22)를 개최하였다.
- '아주사거리 부흥 100주년 기념대회'(2006. 4. 25~29)와 '한국 오순절 100주년 기도 대성회'(2006. 10. 20)를 개최하였다.

한국에서 하나님의 성회가 국제적 교단으로 성장한 원인은 교단 전체가 성령으로 하나 됐기 때문이며, 무엇보다 여의도순복음교회의 발전과 세계 선교 강화에 기인한 점이 크다.

*** 희년(禧年, year of Jubilee)**
50년 주기의 마지막 해로써 일곱 안식년 주기, 즉 49년의 기간에 이 50번째 해를 가산하면 50주년의 주기가 구성된다.

여의도순복음교회의 역사

1. 여의도순복음교회의 역사

1) 대조동 천막교회

2) 서대문 순복음중앙교회

3) 세계적인 교회로 성장

4) 함께 나누는 교회

5) 땅끝까지 증인 되는 교회

2. 여의도순복음교회의 신앙과 신학

1) 순복음의 의미

2) 순복음 신앙의 기초

3) 순복음의 7대 신앙

4) 오중복음

5) 삼중축복

6) 사차원의 영성

THE CHURCH AND WORLD

33과 여의도순복음교회의 역사

1. 여의도순복음교회의 역사

1) 대조동 천막교회(1958~1961)

(1) 교회의 설립

• 1958년 5월 18일, 서대문구 대조동 최자실 전도사의 집에서 가정예배 형태로 첫 예배를 드렸다.

• 조용기 전도사는 '믿는 자에게 따르는 표적'(막 16:17)이라는 제목으로 설교했다.

＊마가복음 16:17
"믿는 자들에게는 이런 표적이 따르리니 곧 그들이 내 이름으로 귀신을 쫓아내며 새 방언을 말하며"

(2) 교회의 부흥

• 6.25전쟁 이후 고통과 질병과 가난으로 소망을 잃은 도시 빈민에게 영혼 구원뿐 아니라 축복과 병 고침의 전인구원(全人救援) 복음을 전파함으로 교회는 부흥하였다.

• 긍정적인 말씀 선포 및 금식기도와 철야기도

의 성령충만한 오순절적인 목회로 신유와 회개의 역사가 크게 일어났다.

- 신유의 역사는 전도의 통로이자 믿음을 견고하게 하는 요인이 되어 교회 개척 3년 만에 재적 1,000명, 출석 600명으로 성장하게 되었다.

- 1961년 1월 조용기 전도사의 입대로 휴스톤(J. W. Huston) 목사가 대신 목회를 맡으면서 부흥하던 교회는 한 차례 시련을 겪기도 했다.

2) 서대문 순복음중앙교회(1961~1972)

(1) 서대문 광장의 부흥 집회

- 조용기 전도사가 의병제대하여 목회를 다시 시작한 이후 교회는 새로운 부흥의 계기를 맞았다.

- 1961년 9월 1일부터 한 달 동안 서대문 사거리 광장 부흥집회에서 수많은 병자가 고침을 받고, 예수님을 영접했다.
  - ▶ 샘 토드 목사가 설교를 했고, 조용기 전도사가 통역을 맡았다.
  - ▶ 수많은 기적이 나타나자 시간이 지날수록 사람들이 인산인해로 모여들었다.

(2) 순복음부흥회관

- 성도수가 1,000명을 넘어 대조동 천막교회의 인원 수용 한계를 넘어서자 서대문 사거리 집회를 가졌던 장소로 교회를 이전하기로 했다.
  - ▶ 1961년 10월 15일 이전하여 교회 명칭을 '순복음부흥회관' 이라 붙였다.
  - ▶ 1962년 2월 18일에 1,500명의 좌석을 구비하여 헌당식을 가졌다.

- 1962년 4월 26일에는 조용기 전도사가 목사 안수를 받음으로 서대문 순복음부흥회관은 기초를 보다 튼튼히 했다.

- 창립 4주년인 1962년 5월 18일 '순복음부흥회관' 에서 '순복음중앙교회' 로 개칭하였다.

- 구역 조직의 탄생
  - ▶ 1964년 성도수가 3,000명에 이르렀을 때 과다한 사역으로 인해 요양하던 조용기 목사는 출애굽기 18장 18절의 말씀을 읽고, 사역 분담의 필요성을 깨달아 구역 조직을 구성하였다.
  - ▶ 구역 조직의 탄생으로 성도 간의 교제와 효율적 관리가 강화되었고 폭발적 부흥의 원동력이 되었다.

＊순복음부흥회관
여의도순복음교회의 서대문 교회 초창기 이름이 '순복음부흥회관' 이었다.

＊출애굽기 18:18
"너와 또 너와 함께 한 이 백성이 필경 기력이 쇠하리니 이 일이 네게 너무 중함이라 네가 혼자 할 수 없으리라"

• 교회기관에 여선교회(1960년)와 남선교회(1963년)를 설립하여 평신도 사역자가 보다 조직적으로 일하게 했다.

• 조용기 목사는 한국 하나님의 성회 총회장과 순복음신학교 학장(1965년), 오순절세계협의회 고문위원(1966년)이 되었다.

• 말씀에 기초한 성령운동, 평신도의 신앙 성장, 문서 선교를 통한 전도를 위해 신앙계(현 플러스인생)를 창간하였다(1967. 2. 5).

3) 세계적인 교회로 성장(1973~1982)

(1) 여의도 성전 준공

• 순복음중앙교회는 날로 부흥하여 1968년 성도수 8천 명으로 수용 한계에 이르자 여의도를 새로운 부지로 결정하고 1969년 4월 건축을 시작하였다.

• 석유파동으로 인한 경제 불황은 교회 건축에 큰 어려움을 주었지만 성도의 지속적인 철야기도와 눈물의 헌물로 성전을 완공할 수 있었다.

• 1973년 8월 19일, 여의도 성전에서 첫 주일

＊석유파동
1973~1974년, 1978~1980년 두 차례에 걸친 국제 석유 가격의 상승으로 인해, 석유를 소비하는 국가들이 겪은 세계적인 경제 대혼란을 말한다.

예배를 드린 후, 9월 23일에 성전 헌당예배를 드렸다.

• 1973년 9월 18일에서 23일, 제10차 세계오순절대회를 본 성전에서 개최하였다.

• 1974년 1월부터 매월 첫째 주일은 성찬예배를 드렸고, 1974년 5월부터 매년 해외 선교대회를 개최하였다. 계속적인 성장을 거듭해 창립 20주년이 되는 1979년에는 10만 명의 성도가 모이게 되었다.

(2) 오산리 금식 기도원 설립

• 최자실 목사는 1973년 7월 3일 초교파 기도원을 설립하였고, 1978년에는 5천 명을 수용할 수 있는 성전과 숙소를, 1982년에는 1만 명을 수용하는 대성전과 부속성전을 완공하였다.

• 1993년 '오산리 최자실 기념 금식기도원'으로 개칭하였으며 교파와 국적을 초월해 14개 성전에서 2만 명을 동시에 수용할 수 있는 세계적 규모로 성장하였다.

(3) 출판사 설립과 순복음 뉴스 창간

• 영산출판사(현, 서울말씀사)를 설립(1976. 3. 10)

하여 성도의 신앙 향상을 위한 각종 신앙 서적과 교재를 출간했다.

- 1978년 10월 8일 '순복음 뉴스'(현, 순복음 가족신문)를 창간하였다.

(4) 순복음교육연구소 및 영산성서연구원 설립

- 1978년 12월 27일 순복음교육연구소(현, 국제신학연구원)를 설립하여 평신도 성경교육을 이끌었다.

- 순복음교육연구소는 1993년 '국제신학연구원', 2009년에는 '순복음평생교육원', 2012년에는 '교육훈련원'으로 개편되어, 평신도의 성경 및 신앙 교육을 담당하고 있다.

- 영산성서연구원은 폭발적인 교회 성장에 따라 급증한 성도를 지도할 교역자 양성 기관으로 설립되었다.

(5) 70만 성도로 지속적인 성장과 발전

- 1958년 대조동 천막교회에서 5명의 성도로 출발한 교회는 폭발적인 성장을 이루었다.
  - ▶ 1979년에 10만 성도가 되었고, 1980년에는 20만 성도, 1985년에는 50만 성도, 그리고 1992년에는 70만 성도로 성장하였다.

(6) 교회 성장의 동력

- 목회자의 메시지와 강력한 리더십이다.
  - ▶ 성령충만한 가운데 희망의 메시지, 치료의 메시지, 능력의 메시지를 중심으로 하는 적극적이고 긍정적인 메시지를 전달했다.
  - ▶ 목회자의 교회 성장을 위한 비전 있는 리더십이 세계 최대 교회를 이룩하게 하였다.

- 기도운동이다.
  - ▶ 금식기도, 철야기도와 합심기도는 한국교회의 기도 문화로 정착되었으며 기도 생활화에 기여했다.

- 구역 조직과 평신도의 구역활동이다.
  - ▶ 조직적이고 체계적인 구역은 성도의 관리와 전도에 효과적이며 평신도 지도자의 참여가 활성화되었다.

4) 함께 나누는 교회(1983~1992)

기독교 사랑의 실천이라는 표제 아래 엘림복지타운, 심장병 어린이 무료시술, 사랑의 의료선교, 순복음 의료 봉사, 소년소녀가장 돕기, NGO 선한 사람들, 평양 조용기 심장병원 건립과 같은 대형 프로젝트를 전개하고 있다.

(1) 엘림복지타운

- 불우 청소년과 무의탁 노인을 위한 동양 최대의 복지시설인 '엘림복지타운'이 1988년 7월 26일 준공식을 가졌다.

- 이 복지시설은 200여 평 부지의 기독교 구제기관이며 세계적인 규모를 갖추고 있다.

- 5백여 명의 불우 청소년에게 다양한 분야의 직업 교육을 제공한다.

- 2백여 명의 무의탁 노인을 수용하는 시설을 지니고 있다.

(2) 심장병 어린이 시술

- 1984년 선천성 심장판막증으로 생명이 꺼져가는 15세 소년에게 치료비 전액을 지원하여 새 생명을 찾아 주었다.

- 이를 계기로 해마다 심장병 어린이를 초청, 구제위원회 주관으로 '심장병 어린이 및 가족 초청기도회'를 갖고 수술을 받게 해 건강을 되찾아 주었다.
  ▶ 1984년에는 21명, 1985년에는 64명, 1986에는 112명의 어린이가 수술비 지원을 받았고 이 사업은 지금도 계속되고 있다.

＊심장판막증(心臟瓣膜症)
심장은 서로 경계가 분명히 지워진 4개의 방으로 구성되어 있다. 방과 방 사이의 혈액 소통을 위해 적절한 개폐 작용을 해주는 문이 필요한데 바로 이 구조물을 판막이라 부른다. 흔히 말하는 심장판막증은 판막의 열고 닫히는 개폐 작용이 원활하지 않은 경우에 나타나는 증상이다.

(3) 사랑의 의료 봉사

• 1988년 5월 CCMM 빌딩 영산아트홀에서 발대식을 갖고 전국 무의촌 지역을 대상으로 펼쳐온 의료 사업이다.

▶ 영세민, 노약자, 실직자, 노숙자, 장애인, 외국인 근로자 등 음지에서 고통 받는 소외된 이웃에게 의료 봉사를 통해 삶의 용기와 희망을 심어 주었다.

(4) 사랑의 헌혈

• 안수집사회가 1988년부터 시작한 헌혈운동이 20년이 넘게 이어지면서 대표적인 사랑 실천운동의 하나로 자리 잡았다.

▶ 1988년 11월 1차에 1,783명이 참여한 이래 2007년 5월 20차까지 총 70,050명이 참여하여 심장병 어린이에게 새 생명을 찾아주는 데 기여하고 있다.

5) 땅끝까지 증인 되는 교회(1993~현재)

(1) 선교 정책의 변화

• 1992년 9월 조용기 목사가 세계 하나님의 성회 총재로 피선됨에 따라 선교 정책의 방향을 전환하였다.

▶ 1993년 제20회 선교대회를 기점으로 해외 이민 목회 중심의 선교에서 제3세계 원주

＊성경적 관점에서 선교의 정의

전도라는 기본 개념 위에 '복음을 땅끝까지 전하면 하나님의 나라가 오리라'는 확신을 갖고 행하는 증거사역으로 이른바 종말론적 복음 사역이라 정의할 수 있다.

민 중심 선교로 전략을 전환했다.

- 선교 신학과 선교 정책의 수립, 선교의 체계적인 훈련과 교육, 선교의 정보화와 문서 작업을 추진하였다.

- 1996년 7월 28일부터 위성선교방송을 실시하였다.

- 현재는 미전도 종족 및 제3세계의 원주민 사역 강화, 원주민의 교회 건립과 자립 그리고 세계 선교를 위한 평신도 전문인의 참여와 활용에 대한 정책 수립에 주력하고 있다.

- 2014년 현재 62개국에 710명의 선교사를 파송하여 9만 9천여 명의 성도를 섬기고 있다.

(2) 새로운 기관과 교회 조직의 재정비

- 문서 선교의 역할과 민족 복음화의 사명을 다하기 위해 1988년 12월 10일 국민일보가 설립되었다.
  - ▶ 세계 개신교 역사상 기독교 정신을 바탕으로 한 최초의 기독교 일간지이다.
  - ▶ 한국의 1천 2백만 그리스도인을 대변하는 신문으로 매스컴 선교의 새로운 장을 열었다.

• 1990년대 한국교회가 전반적인 정체기에 접어들자, 구역 조직의 활성화를 위해 지역장 제도를 도입해 구역 조직을 재정비하였다.

• 교회 성장과 발전을 위해 교구협의회를 설립하였다.

• 1998년 12월 24일, 순복음 인터넷 방송국(FGTV)의 개국으로 세계 어디에서나 24시간 설교 방송 시청이 가능해졌다.

• 1999년 2월 26일 한국선한사마리아인회(현, 굿피플) 창립, 2006년 4월에 Good People을 UN의 기구인 경제사회이사회(ECOSOC) 산하 NGO로 등록하였다.

(3) 지도력 이양

• 2008년 5월 21일 이영훈 목사의 제2대 담임목사 취임과 21개 제자교회의 독립으로 새로운 변화와 도약을 향한 힘찬 비상을 추구하고 있다.

*** NGO (Non-Governmental Organization, 비정부기구)**

NGO는 비정부기구의 약칭이다. 국제연합(UN) 헌장 제17조에서는 'UN 경제사회이사회는 그 권한의 범주에 속하는 사항과 관계가 있는 민간 단체와 협의하기 위해 적당한 협약을 체결할 수 있다'고 규정하고 있다.

*** 이양(移讓)**

어떤 사람이나 집단이 권리나 의무를 다른 사람이나 집단에게 넘기는 것을 말한다.

2. 여의도순복음교회의 신앙과 신학

1) 순복음의 의미

순복음은 영어의 'Full Gospel'을 번역한 말로 '충만한 복음', '순수한 복음', '온전한 복음'을 의미한다. 순복음은 예수님의 탄생과 사역, 십자가와 부활승천을 전하는 성자 예수님의 복음이고, 태초부터 그 모든 것을 계획하신 성부 하나님의 복음이며, 지금도 하나님의 뜻에 따라 역사하시는 보혜사 성령님의 복음이다. 즉, 순복음은 삼위일체의 하나님에 대한 신앙이다.

순복음은 삼중축복과 오중복음, 사차원의 영성을 실생활에 적용하는 신앙이다. 이와 같은 신앙생활의 결과 예수님을 믿어 영혼이 구원받을 뿐만 아니라 범사와 건강까지도 축복을 받는다는 전인구원의 복음이다.

2) 순복음 신앙의 기초

(1) 성경 중심

- 순복음운동은 창세기부터 요한계시록까지 말씀이 성령의 영감으로 기록된 정확 무오한 말씀임을 믿는다.

* **무오(無誤)**
오류가 전혀 없음

• 성경에 기록된 하나님의 말씀은 오늘날에도 역사하고 그 약속의 말씀대로 성취될 것을 믿고 확신한다.

(2) 하나님 중심

• 순복음운동은 인간의 전적 타락과 하나님의 절대 은총에 의한 구원을 온전히 믿는 신앙운동이다.

• 구원은 예수 그리스도 십자가 대속의 은총에 의해서만 가능하며, 절대 주권에 의한 하나님의 섭리와 역사임을 믿는다.

(3) 성령 중심

• 순복음운동은 성령님을 인격적으로 인정하고 환영하고 모셔 들임으로 성령님의 임재와 교제를 생활화하는 신앙이다.

• 성령님을 전적으로 의지하여 땅끝까지 예수님을 전하는 복음 증거를 강조한다.

(4) 사도적 전통

• 초대교회에서 사도들이 행했던 전통, 즉 말씀 선포, 교육, 봉사, 교제, 성찬과 기도에 힘쓰는 신앙이다(행 2:42~47).

• 기적과 표적을 믿고 바라고 간구하고 모이기에 힘쓰며 예배를 통해 하나님을 찬양하고 서로 복을 나누어 주기를 힘쓴다.

(5) 개혁자 신앙

• 순복음운동은 종교개혁자들의 신조인 이신칭의(以信稱義) 사상에 기초한다.

3) 순복음의 7대 신앙

(1) 갈보리 십자가 신앙

• 예수 그리스도의 십자가 죽음과 부활을 통해 구원을 얻는다는 신앙이다.

▶ 예수 그리스도만이 인간을 구원할 수 있는 유일한 길이요, 진리요, 생명임을 믿는 신앙이다.

(2) 오순절 성령충만의 신앙

• 오순절 성령 강림 사건은 순복음 신앙에서 중요한 의미를 가진다.

▶ 중생한 그리스도인은 성령침례를 받고 성령충만함을 입음으로 성령의 은사와 성령의 열매를 맺을 수 있다.

• 순복음 신앙은 성령충만한 초대교회의 신앙을 오늘에 재현하는 신앙이다.

＊이신칭의

'믿음으로 의롭다고 인정받는다'는 뜻으로, 죄인의 구원은 예수 그리스도를 믿어야만 얻을 수 있다. 모든 사람은 죄인이기 때문에 우리의 유일한 의가 되시는 예수님을 믿어야만 의롭다고 인정받게 된다.

(3) 땅끝까지 전하는 신앙

- 주님의 지상명령인 전도와 선교를 수행하기 위해 성령의 권능으로 무장되어야 한다. 전도와 선교는 교회의 존재 의미이며 또한 사명이다.

- 성령의 충만함을 받은 성도만이 열정을 가지고 복음을 전할 수 있다.

(4) 좋으신 하나님 신앙

- 순복음 신앙은 사랑과 은혜와 구원과 복을 주시는 좋으신 하나님을 믿는 신앙이다.
  - ▶ 좋으신 하나님은 예수 그리스도를 믿는 자에게 아담과 하와에게 주셨던 만물을 다스리는 복을 회복하게 하시고, 아브라함에게 주셨던 복을 누리고 베풂으로 풍성한 삶을 살게 하신다.

- 순복음 신앙은 좋으신 하나님을 믿음으로 언제나 긍정적이고 적극적이며 승리하는 삶을 살게 한다.

(5) 병을 짊어지신 예수님 신앙

- 예수님의 공생애 3대 사역, 즉 설교하시고 가르치시고 치료하신 사역 가운데 3분의 2가 치유 사역이었다.

• 주님의 고난은 우리의 죄와 연약함을 담당하시고 병을 짊어지시기 위함이었다(사 53:5).

▶ 질병 치료는 예수님이 원하시는 사역이며, 그리스도인이 간구하고 소유해야 할 은총이다.

(6) 다시 오실 예수님 신앙

• 재림에 대하여 예수님은 친히 약속하였고(요 14:2~3), 천사들도 증거하였다(행 1:11).

• 순복음 신앙은 주님의 재림을 소망하며, 이 땅에 사는 동안 최선을 다해 주를 섬기다가 신천신지에서의 영원한 삶을 기대하는 종말론적인 신앙이다.

(7) 나누어 주는 신앙

• 순복음 신앙은 하나님이 주신 복을 받아 누릴 뿐만 아니라 그 복을 불우한 이웃과 나누고 가난한 자들에게 베푸는 신앙이다.

▶ 하나님께서 주신 복은 나눌수록 더 커지고 풍성해진다.

4) 오중복음

오중복음은 성경의 다섯 가지 중심 주제인 중생의 복음, 성령충만의 복음, 신유의 복음, 축복

＊이사야 53:5
"그가 찔림은 우리의 허물 때문이요 그가 상함은 우리의 죄악 때문이라 그가 징계를 받으므로 우리는 평화를 누리고 그가 채찍에 맞으므로 우리는 나음을 받았도다"

＊요 14:2~3
"내 아버지 집에 거할 곳이 많도다 그렇지 않으면 너희에게 일렀으리라 내가 너희를 위하여 거처를 예비하러 가노니 가서 너희를 위하여 거처를 예비하면 내가 다시 와서 너희를 내게로 영접하여 나 있는 곳에 너희도 있게 하리라"

＊사도행전 1:11
"이르되 갈릴리 사람들아 어찌하여 서서 하늘을 쳐다보느냐 너희 가운데서 하늘로 올려지신 이 예수는 하늘로 가심을 본 그대로 오시리라 하였느니라"

의 복음, 재림의 복음을 말한다. 오중복음은 기독론, 성령론, 신론의 요소를 모두 가지고 있기 때문에 성경에 가장 충실한 교리라고 할 수 있다. 오중복음은 그리스도인의 신앙생활의 시작과 과정, 결과를 모두 다루는 핵심 교리이다.

(1) 중생의 복음(요 3:16)

- 중생은 예수님의 십자가 대속의 은혜로 사탄의 자녀에서 하나님의 자녀로 신분이 바뀌는 거듭남의 은혜이다.

- 중생을 통해 영적 구속과 생활 전반에 범사의 축복과 육신이 강건해지는 치유의 전인적 구원을 얻게 되었다(삼중축복).

(2) 성령충만의 복음(행 1:8)

- 성령충만은 중생한 자가 성령침례를 받고 주의 사역을 감당하기 위해 성령님의 임재 가운데 충만하게 거하게 되는 것을 말한다.

- 성도가 성령충만을 받으면 생활 가운데 성령의 은사와 성령의 열매가 지속적으로 나타난다.

＊요한복음 3:16
"하나님이 세상을 이처럼 사랑하사 독생자를 주셨으니 이는 그를 믿는 자마다 멸망하지 않고 영생을 얻게 하려 하심이라"

＊사도행전 1:8
"오직 성령이 너희에게 임하시면 너희가 권능을 받고 예루살렘과 온 유대와 사마리아와 땅끝까지 이르러 내 증인이 되리라 하시니라"

＊마가복음 16:17~18
"믿는 자들에게는 이런 표적이 따르리니 곧 그들이 내 이름으로 귀신을 쫓아내며 새 방언을 말하며 뱀을 집어올리며 무슨 독을 마실지라도 해를 받지 아니하며 병든 사람에게 손을 얹은즉 나으리라 하시더라"

(3) 신유의 복음(막 16:17~18)

- 하나님은 인간의 죄의 문제뿐만 아니라 죄의 결과인 질병과 고통까지 모두 대속하셨다.

- 순복음 신앙은 병 고침이 하나님의 뜻이며 예수님께서 채찍에 맞으심으로 우리가 나음을 입었다는 것을 믿는 신앙이다(사 53:5; 벧전 2:24).

(4) 축복의 복음(고후 8:9; 갈 3:13~14)

- 예수 그리스도의 십자가 죽음과 보혈의 능력으로 인류는 영적, 육체적, 환경적 저주와 죽음에서 대속을 얻게 되었다.

- 사랑의 하나님은 구원과 복을 주시는 좋으신 하나님으로서 생명을 얻되 넘치게 얻는 풍성한 삶을 허락하신다.

(5) 재림의 복음(살전 4:16~17; 계 22:3~5)

- 그리스도인의 궁극적인 소망은 장차 재림하시는 주님과 함께 새 하늘과 새 땅에서 영원히 사는 것이다.
  - ▶ 예수님의 재림의 복음을 믿는 사람은 진실한 하나님의 백성이 되도록 성장해야 한다.

＊베드로전서 2:24
"친히 나무에 달려 그 몸으로 우리 죄를 담당하셨으니 이는 우리로 죄에 대하여 죽고 의에 대하여 살게 하려 하심이라 그가 채찍에 맞음으로 너희는 나음을 얻었나니"

＊고린도후서 8:9
"우리 주 예수 그리스도의 은혜를 너희가 알거니와 부요하신 이로서 너희를 위하여 가난하게 되심은 그의 가난함으로 말미암아 너희를 부요하게 하려 하심이라"

＊갈라디아서 3:13~14
"그리스도께서 우리를 위하여 저주를 받은 바 되사 율법의 저주에서 우리를 속량하셨으니 기록된 바 나무에 달린 자마다 저주 아래에 있는 자라 하였음이라 이는 그리스도 예수 안에서 아브라함의 복이 이방인에게 미치게 하고 또 우리로 하여금 믿음으로 말미암아 성령의 약속을 받게 하려 함이라"

5) 삼중축복

(1) 삼중축복의 의미

- 요한삼서 1장 2절을 근거로 하며, 영혼 구원 뿐만 아니라 환경의 저주로부터 해방과 육체의 질병으로부터 치유를 얻게 되는 전인구원의 축복이다.
  - ▶ 전인구원은 인간의 영과 혼과 육과 범사가 잘 되는 축복을 뜻한다.
  - ▶ 전인구원은 성령충만한 삶을 통하여 이룰 수 있다.

(2) 삼중축복의 내용

- 영적 축복은 예수님의 십자가 은혜를 통해서 인간이 하나님과의 교제를 회복하고 모든 죄가 청산되며 하나님의 뜻대로 살게 되는 것을 말한다.

- 환경적 축복은 예수 그리스도의 십자가 고난을 통해 대속의 은혜로 가난과 저주로부터 자유를 얻게 되는 것을 말한다.

- 육체적 축복은 아담과 하와의 타락으로 인한 육체적 죽음이 예수님의 대속으로 완전히 회복되고, 이 땅에 사는 동안 질병이 치유되고 건강하게 살게 되는 것을 말한다.

＊데살로니가전서 4:16~17
"주께서 호령과 천사장의 소리와 하나님의 나팔 소리로 친히 하늘로부터 강림하시리니 그리스도 안에서 죽은 자들이 먼저 일어나고 그 후에 우리 살아남은 자들도 그들과 함께 구름 속으로 끌어 올려 공중에서 주를 영접하게 하시리니 그리하여 우리가 항상 주와 함께 있으리라"

＊요한계시록 22:3~5
"다시 저주가 없으며 하나님과 그 어린 양의 보좌가 그 가운데에 있으리니 그의 종들이 그를 섬기며 그의 얼굴을 볼 터이요 그의 이름도 그들의 이마에 있으리라 다시 밤이 없겠고 등불과 햇빛이 쓸 데 없으니 이는 주 하나님이 그들에게 비치심이라 그들이 세세토록 왕 노릇 하리로다"

6) 사차원의 영성

(1) 사차원의 영성의 의미

- 인간의 육체는 시간과 공간의 제약을 받는 현실에서 살고 있지만, 인간의 영혼은 영적 세계에 속해 있다.

- 예수 그리스도의 십자가를 통해 새로운 피조물이 된 인간은 새로운 영적 삶의 방식을 따라 살아야 하는데, 이를 위해서 먼저 생각, 믿음, 꿈, 말이 달라져야 한다.

(2) 사차원의 영성의 기초

- 사차원의 영성은 그리스도의 십자가의 대속 은혜에 기초한다.

- 오중복음과 삼중축복을 삶에 적용하는 역동적인 원리이다.

- 성령님과의 인격적인 교제와 동행을 통해 참된 그리스도인의 삶을 가능하게 하는 영성 원리이다.

(3) 사차원의 영성의 요소

- 사차원의 생각

▶ 사차원의 영성은 무조건적인 긍정적 생각

＊사차원의 영성의 영적 원리

눈에 보이는 삼차원의 현실 세계는 보이지 않는 사차원의 영적 세계의 지배를 받고 있다. 순복음 신앙은 십자가를 통해 변화될 새로운 모습을 바라보게 한다. 변화될 새로운 모습을 바라볼 때 사차원 영성의 영적 원리가 적용된다. 사차원의 영성은 성령충만으로 시작하여, 성령충만으로 완성되는 성령 중심적인 영적 원리이다.

＊사차원의 영성을 훈련하기 위한 방법

기도, 성령, 말씀을 통해 성령님과의 교제를 추구하며 하나님의 주권을 강조하면서도 생각, 믿음, 꿈, 말을 통해 성화를 이루어 간다.

1. 기도 생활
2. 성령으로 충만한 삶
3. 말씀으로 무장된 신앙

이 아니라, 예수 그리스도의 십자가 승리를 믿는 믿음에 근거한 긍정적인 생각이다.

• 사차원의 믿음

▶ 사차원의 믿음은 인간의 본능적이고 이성적인 믿음이 아닌 하나님이 주시는 선물이며 그 원천은 하나님의 말씀이다.

• 사차원의 꿈

▶ 성령님이 우리 마음에 불어 넣어 주시는 꿈과 비전은 현실 세계에서 변화와 기적의 삶을 체험하게 한다.

• 사차원의 말

▶ 하나님이 주신 믿음의 시인과 선포는 성령의 창조적 역사의 매개체가 된다.

▶ 하나님의 말씀에 창조력이 있듯이 인간의 말에도 창조력이 있으므로 성도는 언어를 통해 창조적이고 생산적인 삶을 살아가게 된다.

THE
CHURCH
AND
WORLD

기독교 윤리

1. 기독교 윤리

1) 기독교 윤리의 정의

2) 기독교 윤리의 근거와 중요성

3) 기독교 윤리의 특성

2. 기독교의 가정 윤리

1) 가정과 구성원의 역할

2) 그리스도인의 가정생활

3. 기독교의 사회 윤리

1) 사회에 대한 기독교 윤리

2) 국가와 정부에 대한 기독교 윤리

4. 기독교의 직업 윤리

1) 소명으로서의 직업

2) 그리스도인의 직장생활

5. 기독교의 경제 윤리

1) 그리스도인의 물질관

2) 물질에 대한 그리스도인의 자세

THE CHURCH AND WORLD

34과 기독교 윤리

1. 기독교 윤리

1) 기독교 윤리의 정의

윤리는 인간의 올바른 행위에 대한 원리를 말한다. 영어로 '윤리'(ethic)라는 말은 헬라어 '에소스'(ἔθος)에서 유래되었는데, 습관이나 관습을 가리킨다. 그런데 하나님을 떠난 인간에게 참된 윤리적 개념과 기준, 즉 선악의 분별은 한계가 있어서 보다 상위의 윤리 행위가 요구된다. 세상의 윤리를 뛰어넘는 하나님의 기준(성경)에 입각한 윤리를 우리는 '기독교 윤리'라 부른다.

＊규범
판단, 평가, 행위의 기준이 되는 것으로, 진·선·미 또는 정의와 공정 등의 가치를 파악할 때 척도가 된다.

＊일반 윤리와 기독교 윤리의 차이

	일반 윤리	기독교 윤리
인간	선한 존재	악한 존재
기준	인간의 뜻	하나님의 뜻
실천	인간의 능력	성령의 인도

2) 기독교 윤리의 근거와 중요성

(1) 기독교 윤리의 근거

- 기독교 윤리란 성경을 통해 계시된 올바른 행위와 생활의 원리로써 하나님 계시의 말씀이

윤리의 근거이다.

▶ 기독교 윤리의 기준은 성경이며 성경이 최종적, 절대적 권위가 된다.

• 모든 인간관계에서 일어나는 도덕적 행위의 근거는 말씀이 되시는 예수 그리스도이시다.

▶ 기독교 신앙은 말씀이 되시는 예수 그리스도(요 1:1)가 우리의 구주이심을 받아들이는 것으로, 기독교 윤리는 예수 그리스도에 대한 믿음을 근거로 한다.

(2) 기독교 윤리의 중요성

• 하나님은 인간에게 윤리적인 삶을 요구하신다.

▶ 하나님이 십계명, 율법, 율례, 규례를 인간에게 주시고 그것을 지켜 행할 것을 요구하셨다.

• 신앙생활에 열매 맺는 삶이 기독교 윤리의 삶이다.

▶ 바울은 육체의 일과 성령의 열매맺는 삶을 대비하면서(갈 5:19~23) 비윤리적인 삶에 반대되는 일이 성령의 열매를 맺는 삶이라고 말한다.

▶ 성령의 열매를 맺는 삶은 하나님의 뜻을 실천하는 것이며, 단순한 도덕적 생활이

＊구약 윤리의 일반적인 특징

1. 포괄성으로 모든 삶은 하나님의 명령과 섬김 안에 존재함(출 19:6)
2. 부모 존경이 사람과의 관계의 출발이요, 관계의 핵심(출 20:12)
3. 과부와 고아 보호(신 10:18)
4. 도덕성 중시(레 19:35~36)
5. 책임 강조(출 21:28~32)
6. 사랑과 친절 강조(출 22:26~27, 23:4~5)

＊신약 윤리의 일반적인 특징

1. 회개의 윤리
2. 영원한 사랑의 윤리
3. 운명 공동체의 윤리

아니라 신앙생활 자체이기에 중요하다.

- 기독교 윤리의 삶은 시대적 해답을 제시한다.
  - ▶ 하나님의 말씀 속에 근거한 윤리적인 원칙은 시대와 장소를 초월하여 어느 때나 어느 장소이든지 바른 기준을 제시한다.
  - ▶ 모든 죄의 문제 해결은 예수 그리스도를 통하여 거듭나 그분의 말씀대로 살 때 가능하다.

3) 기독교 윤리의 특성

기독교 윤리는 믿음과 행함이 기본적 가치관이다. 행함이 없는 믿음은 죽은 믿음(약 2:26)이며 신앙과 윤리는 불가분의 관계이다. 기독교 윤리는 예수님을 믿는 신앙 없이 자신의 신념으로 행하는 세상의 윤리와 다르다.

＊야고보서 2:26
"영혼 없는 몸이 죽은 것 같이 행함이 없는 믿음은 죽은 것이니라"

(1) 인격적인 바탕에서 행한다

- 기독교 윤리는 하나님의 인격적 형상을 따라 창조된 인간이 하나님의 말씀을 알고 기뻐하며, 의지적으로 말씀 따라 행동하는 윤리이다.

＊하나님의 인격
하나님은 지성(知性), 감정(感情), 의지(意志)의 인격을 가지고 계신다.

- 기독교 윤리는 하나님의 인격을 소유한 인간이 과거의 죄를 깨닫고, 현재에 죄를 통회 자

복하여, 미래에 희망을 가져오게 하는 의지적 윤리이다.

(2) 하나님으로부터 출발한다

• 바른 삶의 기준은 인간의 법이나 윤리와 도덕에 있지 않고, 절대 주권자인 하나님에 의해 결정된다.

• 하나님이 원하시는 윤리적 삶은 인간의 노력으로 준행하기는 어렵기 때문에 성령님의 도우심이 필요하다.

▶ 성령님의 도우심이 있다면 기독교 윤리를 행하는 것이 짐이 아니며 아름다운 신앙생활로 승화시킬 수 있다.

▶ 기독교 윤리는 "내게 능력 주시는 자"(빌 4:13)가 되시는 하나님 안에서만 행함이 가능하다.

(3) 사랑에 기초한다

• 기독교 윤리는 심판하고 정죄하는 율법주의가 아니며 성경의 근본 원칙인 사랑에 기초한다.

• 기독교적 인간관은 사람을 사랑의 원칙에 따라 스스로 결정하고 실행하는 책임적인 존재, 인격적인 존재로 본다.

• 기독교 윤리는 획일성이 아니고, 경우에 따라서 성령님의 인도에 따라야 하는 적응성도 요청된다.

(4) 공동체 윤리이다

• 그리스도인은 '교회' 공동체와 세상의 '사회' 공동체 일원이다.

▶ 그리스도인은 세상으로부터 동떨어져 있는 것이 아니라 적극적으로 세상을 향해 나아가는 선교적 삶을 살아야 한다.

• 그리스도인은 하나님과 이웃을 위해 존재하며, 하나님의 사랑을 실천하기 위해 희생해야 한다.

(5) 종말론적 윤리이다

• 기독교 윤리는 인간이 죽으면 끝나는 것이 아니라 다시 하나님 앞에 선다는 진리에 기초하며, 이 세상에서의 삶이 하나님 나라에서의 삶에 영향을 준다고 믿는 것이다.

▶ 행함이 있는 믿음을 통하여(약 2:17) 하늘의 보화를 얻는 삶이다(마 19:21).

▶ 궁극적으로 세상보다 하나님 나라를 소망한다.

*** 공동체**
생활과 운명을 같이하는 사회 집단으로, 종족의 조직을 근간으로 하는 혈연(血緣) 공동체, 지역을 중심으로 형성된 지역(地域) 공동체, 종교나 이념 및 정신적인 요소를 기반으로 하는 결사(結社) 공동체 등이 있다.

*** 마태복음 19:21**
"예수께서 이르시되 네가 온전하고자 할진대 가서 네 소유를 팔아 가난한 자들에게 주라 그리하면 하늘에서 보화가 네게 있으리라 그리고 와서 나를 따르라 하시니"

2. 기독교의 가정 윤리

가정이란 부모와 자녀로 구성된 하나의 공동체이며, 인간 삶의 근본이 된다. 기독교 윤리는 가정 윤리로부터 시작되는데, 가정이 사회의 최소 집단이며 사회 구조의 시작이기 때문이다.

1) 가정과 구성원의 역할

(1) 가정

가정은 하나님이 만드신 기관으로, 하나님은 독처하는 아담을 위해 돕는 배필로 하와를 지으시고 함께 살게 하셨는데(창 2:18~25), 이것이 가정의 시작이다.

가정은 인간의 성장과 성숙을 위한 가장 자연적이고 합당한 매개체로 하나님이 인간에게 주신 축복의 장소이다. 가정은 사람이 속해 있는 하나의 공동체로, 사회와 교회의 중요한 기초 단위이며 신앙의 기초 기관이다. 그리스도인은 가정을 통해 하나님의 영광을 드러내야 한다.

• 결혼

▶ 가정의 출발은 결혼인데, 하나님은 결혼 제도를 통해 인류가 생육하고 번성하게 하셨다(창 1:27~28).

*** 가정의 정의**

전통적으로 부모와 자녀로 구성된 집단으로 사람들이 함께 살아가는 하나의 운명 공동체이다.

*** 기독교 가정 윤리의 기준**

1. 그리스도인의 생활원리의 기준은 오직 성경이다.
2. 성경은 기록된 하나님의 말씀으로서 최종적이고 절대적 권위를 지닌다.
3. 하나님의 말씀인 성경은 인간의 생활에 정확무오한 규범이 된다.

▶ 인간은 결혼을 통해 부모를 떠나 새로운 가정을 형성하며 하나님의 창조적 질서에 순종하게 된다.

▶ 그리스도인의 결혼은 하나님이 맡기신 사명의 수행과 더불어 궁극적으로 하나님에게 영광을 돌리는 것이다.

• 결혼은 하나님의 일반적인 뜻이며 명령으로 특별한 부르심을 받은 경우(마 19:12; 고전 7:8) 외에는 일부일처의 원칙(마 19:5)에 의한 정신적, 육체적 결합이 바람직하다.

▶ 그리스도인은 결혼의 근본적인 의미와 하나님의 선하신 의지를 발견하고 사랑과 관용으로 가정을 지키며 회복하는 본을 보여야 한다.

• 성(性)

▶ 성은 하나님이 주신 선물 중 하나로, 인간의 완전한 인격의 일부분이며, 그 자체로는 선한 것이다.

▶ 윤리적 도덕적 개념이 상실된 성은 분열성이 있어 가정과 사회를 파멸시킬 수 있으므로 보다 높은 도덕적, 사회적, 영적 목적에 의해 지켜지고 통제되어야만 한다.

▶ 부부관계는 생육과 번성을 위해 의도된 것이며, 남편과 아내의 순전한 사랑의 표현이다.

＊결혼의 기독교 윤리적 이해

1. 결혼은 하나님의 뜻을 이룬다는 점에서 의무적 성격을 가진다.

2. 하나님이 짝지어 주시는 것이므로 인간이 나눌 수 없다.

3. 한 남자와 한 여자 사이의 약속이므로 사적인 성격이 있다.

4. 두 가족 간의 계약이기 때문에 공동체적인 성격이 있다.

▶ 인간은 부부관계를 통해 창조를 계속하시는 하나님의 대리자로서의 기능을 수행하게 된다(창 1:28).

• 이혼

▶ 하나님이 세우신 결혼제도는 항구성(恒久性)을 가짐으로 이혼은 그 자체가 옳지 못하다(마 19:6; 막 10:9).

▶ 예수님은 마태복음에서 이혼이 불가함을 말씀하셨지만 부정(不貞)의 경우는 예외로 하셨다(마 19:9).

▶ 결혼은 인간이 깰 수 없는 신성하고도 거룩한 관계이며 하나님은 이혼하는 것을 미워하신다(말 2:16).

＊마태복음 19:6
"그런즉 이제 둘이 아니요 한 몸이니 그러므로 하나님이 짝지어 주신 것을 사람이 나누지 못할지니라 하시니"

(2) 구성원의 역할

• 남편의 역할

▶ 남편은 그리스도께서 교회를 사랑하심과 같이 아내를 사랑해야 한다(엡 5:25).

▶ 남편은 아내가 갖고 있는 모든 문제에 대해 같이 책임지며 희생적으로 보살펴야 한다.

▶ 아내의 단점을 보완해 주어 흠과 점이 없도록 도와야 한다.

▶ 남편은 아내를 보호하고 귀하게 여기며 안심시켜 주어야 한다.

＊에베소서 5:25
"남편들아 아내 사랑하기를 그리스도께서 교회를 사랑하시고 그 교회를 위하여 자신을 주심 같이 하라"

• 아내의 역할

▶ 아내의 의무는 남편에게 복종하기를 마치 주님께 하듯 하는 것이다(엡 5:22).

▶ 아내는 남편을 마음 중심으로부터 존중하고 섬겨야 한다.

▶ 아내는 남편의 돕는 배필로서 남편의 상처를 싸매주며 격려해야 한다.

• 부부 간의 관계

▶ 부부의 관계는 그리스도와 교회의 관계이다.

▶ 남편과 아내의 관계는 머리와 몸의 관계로 서로 동등한 지체이나 가정의 지휘권은 남편에게 있다.

▶ 남편은 가정을 대표해 외부에서 다가오는 문제에 잘 대처해야 한다.

▶ 가정에서 아내는 자녀를 양육하고 보살피는 역할을 잘 수행해야 한다.

• 부모의 역할

▶ 부모가 가정에서 행할 최우선 역할은 자녀 양육에 있다.

▶ 부모의 자녀 양육은 사랑에 기초해야 하고, 부모는 자녀를 노엽게 하지 말아야 한다(엡 6:4).

▶ 제일 좋은 양육 방법은 부모가 삶의 모범

＊ 에베소서 5:22
"아내들이여 자기 남편에게 복종하기를 주께 하듯 하라"

＊ 행복한 가정의 조건
1. 야훼를 경외함
2. 신앙 공동체
3. 가족 간의 사랑과 신뢰
4. 자기 성숙을 위해 함께 노력

을 보이는 것이다.

▶ 부모는 자녀를 그리스도 안에서 양육하고 제자화 하여 하나님 나라의 확장에 힘써야 한다.

▶ 부모는 자녀를 신앙으로 교육하기 위해, 성경 말씀으로 "교훈과 책망과 바르게 함과 의로 교육"(딤후 3:16)해야 한다.

• 자녀의 역할

▶ 자녀는 항상 부모를 공경하고(출 20:12) 부모의 말씀에 순종해야 한다(엡 6:1).

▶ 자녀는 자신을 양육시켜 준 부모에게 순종함으로 부모를 기쁘게 해야 한다(골 3:20).

▶ 자녀가 부모를 공경할 때 땅에서 장수하고 잘 되는 복을 누리게 된다(신 5:16).

2) 그리스도인의 가정생활

(1) 건전한 생활

• 가정은 교회, 학교, 사회, 국가 등과 같은 단체의 기초가 되는 곳으로 건강하고, 사랑이 충만하고, 화목한 곳이어야 한다.

• 건전한 가정생활을 위해 지켜야 할 몇 가지 덕목이 있다.

▶ 감사 : 서로에게 고마움을 말이나 행동으

*** 자녀 훈계 시 확인 사항**

1. 훈계에 앞서 평소에 조건 없는 사랑이 충분하게 전달되었는가?
2. 훈계의 내용에 부부가 한 뜻을 지니고 있는가?
3. 부모의 감정 폭발은 아닌가?
4. 자녀의 개성이나 능력의 차이를 감안하였는가?
5. 자녀에 대한 성과 위주의 훈계는 아닌가?
6. 다른 사람과 비교하거나 다른 사람 앞에서 훈계하지는 않는가?
7. '사랑의 매'를 사용하는가?

*** 에베소서 6:1**

"자녀들아 주 안에서 너희 부모에게 순종하라 이것이 옳으니라"

로 자주 표현해야 한다(살전 5:18).

▶ 헌신 : 개인보다 가족 전체의 유익과 명예를 위해 서로 헌신하는 태도를 가져야 한다(엡 5:21).

▶ 교제 : 가족 간에 끊임없는 대화를 해야 한다. 따라서 어떤 일이 있을 때 이를 묵과하거나 혼자 해결하지 말고 의논하는 태도를 갖는다(잠 15:22~23).

▶ 함께 하는 시간 : 식사, 소풍, 예배 등과 같이 되도록 많은 시간을 가족과 가질 때 유대가 강해진다(시 133:1).

▶ 정신적 건강 : 낙관주의, 윤리적 가치관, 박애정신 등을 공유할 때 정신적으로 건강한 가정을 이루게 된다.

▶ 극복의 능력 : 가족에게 고통스러운 문제가 발생해도 온 가족이 좌절하지 않고 변화의 기회로 삼아 극복할 때 건강한 가정을 만들게 된다.

*** 낙관주의(樂觀主義)**
세상이나 인생을 희망적으로 밝게 보는 태도나 경향

*** 박애정신(博愛精神)**
인종 · 종교 · 국가의 벽을 넘어선 인류에 대한 사랑으로, 서양에서 박애정신은 기독교의 사상적 기반에서 나타났다.

(2) 모범적인 생활

• 한 가정이 단체 내에서 모범을 보이면 그렇지 못한 가정이 본을 받아 변화하게 된다.

• 한 단체를 변화시키기 위한 모범적인 가정의 몇 가지 예가 있다.

▶ 온 식구가 가정예배를 늘 드리고, 교회생

활에 충실히 임한다.

- 부모는 자녀에게 말씀과 성령으로 충만한 삶의 본을 보인다.
- 부모는 자녀에게 하나님의 말씀뿐만 아니라 세상 교육에도 힘을 기울인다.
- 빚지지 않도록 노력하고 미래를 위해 저축한다.
- 하나님 말씀에 위배되는 직업을 갖지 않도록 한다.
- 국가와 사회에 대한 의무와 책임을 충실히 이행한다.

3. 기독교의 사회 윤리

1) 사회에 대한 기독교 윤리

예수님이 베드로와 야고보와 요한을 데리고 변화산에 올라가셨을 때, 제자들은 초막 셋을 짓고 산 위에 거하기를 원했다(마 17:1~8; 막 9:2~8; 눅 9:28~36).

그러나 예수님은 그들을 데리고 할 일 많은 세상을 향하여 내려오셨다. 예수님과 같이 그리스도인은 세상을 변화시키기 위해 지녀야 할 책임이 있다.

(1) 그리스도인의 책임 의식

- 그리스도인이 하나님의 은혜로 영혼의 구원, 범사의 형통, 육의 강건함을 누리게 되었다면(요삼 1:2), 이를 통하여 사회와 이웃에 베풀어야 할 책임이 있다(약 1:27).
  - ▶ 그리스도인의 사회에 대한 책임은 실제적, 물질적, 도덕적인 것을 포함한다(약 2:14~17).
  - ▶ 그리스도인은 세상 사람의 잘못을 바로잡고 깨우쳐 주는 사랑의 책임을 가지고 있다(갈 6:1~5).

(2) 그리스도인의 자유 의식

- 예수 그리스도 안에 있는 자는 생명의 성령의 법에 의하여 "죄와 사망의 법"에서 해방되는 자유를 갖는다(롬 8:1~2).

- 그리스도인은 사랑을 통하여 율법주의에서 벗어나는 참된 자유를 지닌다(롬 13:10).

- 그리스도인의 자유는 무책임한 방종이 아니라 그리스도를 섬김으로 하나님을 기쁘시게 하고 사람에게 덕을 끼치는 삶을 사는 것이다(롬 14:18~19).

- 그리스도인은 자신이 지닌 자유로 이웃을 섬

*** 웨스트민스터 신앙고백에서 '그리스도인의 자유'**

1. 그리스도인의 자유의 목적은 범죄에 있는 것이 아니라 마귀에게서 벗어나 평생 주님을 바르게 섬기려는 데 있다.
2. 하나님이 세우신 국가의 권세와 그리스도인의 자유는 상호 보완적이다.
3. 국가나 교회는 각기 고유의 영역이나 권한을 고수해야 한다.

기고 이웃을 위해 종 노릇해야 한다(갈 5:13).

(3) 그리스도인의 이웃과의 관계

- 십계명에는 하나님에 관한 1~4계명뿐만 아니라, 이웃에 관한 5~10계명이 있다.
  - ▶ 바울은 예수님의 "네 이웃을 네 자신과 같이 사랑하라"는 말씀에는 5~10계명이 모두 포함된다고 하였다(롬 13:9).

- 이웃과 사랑의 관계를 맺기 위해서 그리스도의 마음으로 이웃의 어려운 상황을 살피고 도와야 한다.

2) 국가와 정부에 대한 기독교 윤리

(1) 국가의 의미와 성격

- 국가는 주권적 정치 단위로써 국민으로 구성된 공동사회이다.

- 국가는 자국민을 보호함과 동시에 국가의 법에 순종하기를 명령한다.

(2) 국가에 대한 기독교적 교훈

- 구약은 국가도 하나님의 창조 질서에 속해 있으며, 하나님의 거룩한 통치에 따라 개인적, 사회적 정의를 구현하고 하나님 명령에 순종

＊갈라디아서 5:13
"형제들아 너희가 자유를 위하여 부르심을 입었으나 그러나 그 자유로 육체의 기회를 삼지 말고 오직 사랑으로 서로 종 노릇하라"

할 것을 말씀하고 있다.

• 신약에서 예수님은 정당하게 구성된 국가의 권위를 인정하셨지만(막 12:17), 정치적 왕국보다 영적인 왕국에 더 많은 교훈을 주셨다.

• 사도들은 국가의 통치권에 복종하는 것을 원칙으로 삼았으나(롬 13:1) 사람보다 하나님에게 먼저 순종할 것을 가르쳤으며, 국가가 교회를 핍박할 때는 순교로 교회를 지켰다.

▶ 종교개혁자들은 국가가 하나님의 통치권에 역행할 때 적극적으로 대처했으며, 훗날 이 사상은 청교도와 미국 독립전쟁의 정신적 기반이 되었다.

(3) 국가에 대한 그리스도인의 의무

• 국가의 권세는 하나님이 허락하신 것으로(롬 13:1) 사랑과 정의를 실현하는 데 사용해야 한다.

• 그리스도인은 애국심과 충성심을 가지고 법을 준수하며 질서를 지켜야 한다.

▶ 그리스도인은 국가에 대한 기본적인 의무를 수행해야 한다(신 24:5).

▶ 국가를 위해 기도하고, 하나님의 뜻에 위배되지 않는 한 국가의 시책에 충성함으로

＊종교개혁(宗教改革, Protestant Reformation)

1517년 마르틴 루터가 당시 로마 가톨릭 교회의 부패와 타락을 비판하는 내용의 95개조 반박문을 발표하여 시작되었다. 부패한 교회를 성경의 권위와 하나님의 은혜와 믿음을 강조함으로써 새롭게 변혁시키고자 했던 신앙 개혁 운동이다.

개혁자들의 신학적 사상은 5가지로 요약된다.

1. 오직 성경(Sola Scriptura)
2. 오직 그리스도(Solus Christus)
3. 오직 은혜(Sola Gratia)
4. 오직 믿음(Sola Fide)
5. 오직 주께 영광(Soli Deo Gloria)

봉사해야 한다.

▶ 국가가 정의의 기준으로부터 벗어날 경우 바른 길로 나아가도록 인도해야 한다.

• 그리스도인은 원칙적으로 국가의 통치권에 복종해야 하지만, 성경은 그리스도인이 사람보다 하나님에게 최우선으로 순종해야 함을 말씀하고 있다(행 5:29; 고전 7:23).

4. 기독교의 직업 윤리

1) 소명으로서의 직업

직업은 하나님이 맡기신 일이라는 천직의식과 소명의식을 지녀야 한다(마 25:14~30).

구약에서 소명적 직업은 하나님이 이스라엘 백성을 부르시고 당신의 뜻을 실행하게 하신 것이다. 신약에서 소명적 직업은 예수님께서 제자들을 불러 따르고 전도하게 하시며 그리스도인의 소망에 참여케 하신 것이다(마 10:1~4).

(1) 직업을 가진 자의 의무

• 그리스도인은 무엇보다 먼저 하나님의 뜻을 수행하는 자세로 직업에 임해야 한다.

▶ 그리스도인의 직업은 하나님 나라와 하나

＊소명(召命)
'지명하여 부르다'(calling)의 뜻. 부름을 받은 자가 부르는 자의 목적을 이루는 것으로 하나님의 목적을 이루는 것을 말한다.

＊천직(天職)
하나님이 내려준 직업이라는 뜻으로, 인간은 자신의 직업을 통해 하나님의 뜻을 실현해야 할 의무를 지닌다.

님의 영광을 드러내기 위한 것이 되어야 한다.

• 그리스도인은 다른 이들을 돕는 태도로 직업 활동을 수행해야 한다.

• 그리스도인은 사회 전체에 유익한 직업을 선택하고, 세상을 돌보는 태도로 직업 활동을 수행해야 한다.

• 직업을 통해 그리스도인으로서 참된 자아실현을 이루어야 한다.

(2) 직업 선택의 자세

• 그리스도인은 성경에 합당한 직업을 선택해야 한다.

▶ 술, 담배, 마약, 유해식품, 음란을 목적으로 하는 직업이나 변태영업, 법에 저촉되는 직업 등을 가져서는 안 된다.

• 주일을 지킬 수 없는 직장이나 직업은 지양해야 된다.

▶ 의사, 간호사, 비행기 승무원, 운수업 종사자 등과 같이 불가피한 직종은 예외로 한다.

＊ 변태영업(變態營業)
비정상적이고 불법적으로 영리를 추구하는 사업

＊ 저촉(抵觸)
1. 위반하거나 거슬리는 것
2. 법률이나 규칙 등에 위반되거나 거슬리는 것

＊ 불가피(不可避)
어떤 일을 피할 수 없이 해야만 하는 경우

• 합당한 직장이나 직업이라도 자신의 신앙생활을 방해하거나 신앙에 유익을 주지 못하면 배제하는 것이 좋다.

• 개인업자나 고용주는 하나님으로부터 관리를 위탁 받았다는 청지기 자세를 가져야 한다.

▶ 영리 추구보다 공익을 위한 봉사의 자세로 사업을 하고 정당한 이윤만을 취득해야 한다.

• 고용주는 고용인에 대한 배려, 공정한 대우, 인격적인 존중의 원칙을 잊지 말아야 한다.

▶ 고용인에 대한 임금은 그들이 인간다운 삶을 누릴 수 있는 수준이 되도록 해야 한다.

• 모든 일은 하나님의 영광을 위하는 것에 목적을 두어야 한다.

▶ 그리스도인은 직장이나 사업장에서 빛과 소금의 역할을 다하여, 하나님이 영광 받으시도록 노력해야 한다.

2) 그리스도인의 직장생활

직장은 소극적으로는 생계 수단이지만, 적극적으로는 "땅을 정복하라"(창 1:28)고 명하신 사명을 완수하는 수단이요 터전이다. 그리스도인

에게 직장생활은 신앙이 실천되고 성숙하게 되는 '신앙생활의 현장' 이므로, 직장생활을 잘하기 위해 합당한 직업 윤리를 가져야 한다.

5. 기독교의 경제 윤리

성경 말씀에 따라 경제생활의 전 영역에서 개인, 가정, 기업, 국가가 물질을 어떻게 올바르게 다루는지를 의미한다.

*** 경제생활**
일반적으로 물품의 취득, 점유, 사용에 관련된 일체의 행위

1) 그리스도인의 물질관

하나님은 부(富)의 분배자가 되실 뿐만 아니라 사람에게 재물을 소유할 능력을 주는 분이시다(신 8:18). 물질은 하나님이 주신 것으로 그 자체가 악하거나 선한 것이 아니며, 이를 사용하는 사람에 따라 선악이 결정된다(잠 14:24).

*** 신명기 8:18**
"네 하나님 야훼를 기억하라 그가 네게 재물 얻을 능력을 주셨음이라 이같이 하심은 네 조상들에게 맹세하신 언약을 오늘과 같이 이루려 하심이니라"

2) 물질에 대한 그리스도인의 자세

그리스도인은 물질을 소유할 수 있지만 물질에 부속돼서는 안 된다. 물질은 삶의 궁극적인 목적이 될 수 없으며 그리스도인은 하나님과 재물을 겸하여 섬길 수 없기 때문이다(마 6:24).

(1) 물질을 오용하거나 남용하지 말아야 한다

• 잘못된 재물을 소유하거나 남용하고자 하는 유혹과 위험성을 경계해야 한다.

▶ 물질의 남용이나 오용은 일반적으로 사치, 낭비, 투기, 과시, 과음, 과식 등에서 나타난다.

(2) 물질은 감사와 사랑을 전하는 데 사용해야 한다

• 정당한 경제행위를 통해 얻은 재물은 하나님에 대한 감사와 타인에 대한 사랑의 마음을 전하기 위해 사용하여야 한다.

▶ 선을 위해 사용되는 물질은 하나님의 축복과 능력을 더하게 해야 한다.

(3) 물질은 사람이 통제할 수 있는 위치에 두어야 한다

• 돈 자체가 악이 아니라 돈을 사랑하는 마음이 악의 뿌리가 되는 것이다(딤전 6:10).

▶ 그리스도인은 십일조를 드림으로 자신의 모든 소유의 주체가 하나님이심을 인정해야 한다(말 3:9).

▶ 그리스도인이 하나님 중심으로 살고 하나님을 가장 사랑할 때, 물질을 다스릴 수 있게 된다.

＊말라기 3:9
"너희 곧 온 나라가 나의 것을 도둑질하였으므로 너희가 저주를 받았느니라"

35과

교회의 구제와 나눔

1. 성경의 구제와 나눔

1) 구약의 구제와 나눔

2) 신약의 구제와 나눔

2. 교회사에서 구제와 나눔

1) 초대교회

2) 중세의 교회

3) 근대의 교회

4) 현대의 교회

3. 교회의 구제와 나눔의 실제

1) 구제와 나눔의 내용

2) 구제와 나눔의 태도

3) 구제와 나눔의 결과

THE CHURCH AND WORLD

35과 교회의 구제와 나눔

1. 성경의 구제와 나눔

한국교회는 선교 초기부터 의료, 교육, 구제 등 사회사업에 앞장서 참여하였다. 교회의 사회 참여는 초창기 상당한 핍박을 받았지만 한국의 근대화에 큰 영향을 끼쳤다.

선교 2세기를 맞이하면서 한국교회는 성장이 둔화되고 사회적 영향력도 감소되는 양상이 나타나고 있다. 원인 중 하나로 선교 초기에는 한국교회가 사회 속으로 들어갔지만, 오늘날에는 교회 자체로만 남으려는 소위 개교회주의에 빠진 것을 든다. 그러나 교회는 사회 변화의 주역으로서 역할을 감당해야 하며, 이런 점에서 구제와 나눔은 아무리 강조해도 지나치지 않는다.

*** 구제(救濟)**
어려운 처지에 있는 사람에게 도움을 베푸는 친절한 행위이다(행 9:35). 주님께서 제시하신 원칙은 우리가 가진 소유로 구제하는 것이다.

1) 구약의 구제와 나눔

구약 시대의 이스라엘 관습은 부한 자는 과

부, 고아, 빈곤한 사람, 이방인을 반드시 도우라고 했다(신 14:29, 24:19). 특히 절기에 거두어들인 농산물은 노비, 레위인, 객, 고아, 과부와 함께 나누도록 율법으로 정했다(신 16:14~17).

토지의 소유자는 가난한 자들이 7년마다 경작하지 않고 쉬는 동안 그 토지의 소출로 생계를 유지하게 하였으며(레 25:4~6), 사회적 약자, 과부, 고아, 영세 일용노동자에 대한 구제를 실시했다. 또한 "가난한 자를 불쌍히 여기는 것은 야훼께 꾸어 드리는 것이니 그의 선행을 그에게 갚아 주시리라"(잠 19:17)고 언급하고 있다. 구약에 나타난 구제와 나눔의 제도는 두 번째 십일조와 이삭 나눔에 잘 나타나 있다.

(1) 두 번째 십일조

- 매년 드리는 정기 십일조와 달리 매 3년마다 드리는 구제 목적의 십일조이다(신 14:28~29).
  - ▶ 정기 십일조는 하나님의 성소에 드려지는 헌금인 반면에 구제 성격의 두 번째 십일조는 각 성읍에 저축하여 놓고 가난한 사람을 위해 사용하였다.

(2) 이삭 나눔

- 추수를 할 때 가난한 사람을 위해 얼마를 남겨 놓는 것이다.
  - ▶ 밭에서 곡식을 벨 때 곡식 묶음 하나를 잊

*** 영세(零細)**
경영하는 규모가 작고 수입이 적어 군색한 삶을 사는 상태를 말한다.

*** 일용노동자**
일용근로자(日傭勤勞者)라고 하는데 1일 단위의 계약기간으로 고용되고, 1일이 지나면 계약이 종료되는 형태의 근로자를 말한다.

*** 신명기 14:28~29**
"매 삼 년 끝에 그 해 소산의 십분의 일을 다 내어 네 성읍에 저축하여 너희 중에 분깃이나 기업이 없는 레위인과 네 성중에 거류하는 객과 및 고아와 과부들이 와서 먹고 배부르게 하라 그리하면 네 하나님 야훼께서 네 손으로 하는 범사에 네게 복을 주시리라"

고 올 경우, 가난한 사람을 위해 그것을 다시 가져오지 말게 했다.

- 감람나무의 열매를 거둔 후 남은 것이 있는지 살피지 말게 한 이유는 그것이 가난한 사람의 것이었기 때문이다.
- 포도원에서 포도를 딴 후에도 남은 것에 손대지 않은 이유는 그것을 객과 고아, 과부를 위해 남겨야 했기 때문이다(신 24:19~22).
- 가난한 사람과 거류민을 위해 곡식을 거둘 때는 밭모퉁이까지 다 거두지 않았으며 떨어진 이삭도 줍지 않았다(레 19:9~10).

2) 신약의 구제와 나눔

예수님은 가진 것을 다른 사람에게 나누어 주는 이웃 사랑의 삶을 몸소 행하셨다. 예수님은 길가의 맹인으로부터 굶주린 군중에 이르기까지, 또한 갈릴리의 나병환자, 예루살렘의 살인자, 병자, 가난한 자, 범죄자에 대하여 항상 자비를 베푸셨다. 예수님이 소외계층과 함께하신 모습은 초대교회 공동체 사역의 근간을 이루게 되었으며, 기독교의 구제와 나눔의 훌륭한 모범이 되었다.

(1) 예수님의 구제와 나눔

- 예수님이 행하신 구제와 나눔은 일차적으로 소외된 자와 함께하는 데 있었으며, 나중에는 이들이 하나님의 백성으로 거듭나게 하는 데 있었다.

- 예수님은 구제와 나눔을 행할 때 없는 가운데서도 하라고 하셨다.
  - ▶ 부자 청년은 물질에 여유가 있음에도 가난한 사람을 돕지 못했다(마 19:21~22).
  - ▶ 가난한 과부는 두 렙돈의 돈을 성전의 연보궤에 넣었는데 이는 자신의 생활비 모두를 드린 것이었다(막 12:41~43).
  - ▶ 과부는 자신이 구제의 대상임에도 불구하고 더 가난한 이웃을 배려하는 마음으로 인해 예수님에게 칭찬을 들었다.

(2) 예루살렘 교회의 구제와 나눔

- 예루살렘 교회는 교인 구제를 전담시키기 위해 일곱 명의 집사를 뽑았다(행 6:1~6).
  - ▶ 담당 집사들을 뽑을 만큼 구제와 나눔은 예루살렘 교회의 중요한 사역이었다.

- 예루살렘 교회에서 헌금의 주요 용도는 구제와 나눔이었다.
  - ▶ 신앙 때문에 핍박을 받는 성도와 병든 자

***소외계층**
인종, 종교, 국적, 피부색, 교육 정도, 물질 소유 등에서 소외된 계층을 말한다.

를 위한 구제를 하였다.

- 예루살렘 교회는 구제와 나눔이 예배와 밀접한 관계를 갖고 있었다.
  - ▶ 애찬을 가질 때 가난한 이를 초대하여 서로 음식을 나누었다(행 2:44~46).

2. 교회사에서 구제와 나눔

1) 초대교회

로마 황제에게 핍박받던 초대교회 당시, 성도들은 사회적 신분을 불문하고 성찬식을 함께하며 서로를 한 가족으로 생각했다. 교회는 성도에게 생필품을 제공했고 고아와 과부를 책임졌다.

콘스탄틴 대제부터 그레고리 1세 교황까지의 기간에는 수도원에 숙박시설을 설립하여 고아, 과부, 노령자, 병약자, 나그네를 위해 활용하였다.

2) 중세의 교회

그레고리 1세 교황부터 샤를레망 대제 때까지 교회는 구역 내의 빈민 구제를 책임졌다. 재원은 성도의 헌금, 수입, 십일조 헌납에 의해 이

*** 초대교회**
예루살렘의 핍박을 피해 로마 제국의 여러 지방에 흩어져 세운 교회를 이른다. 기독교를 세계 종교로 만든 바탕이 되었다.

*** 로마 교회**
초대교회의 로마 교회는 흩어진 기독교 유대인에 의해 로마에 세워진 교회다. 바울이 그 교회에 쓴 편지가 로마서이다.

*** 안디옥교회**
처음 교회는 예루살렘에서 시작되었지만 정식으로 기독교, 그리스도인이라는 이름을 얻게 된 것은 안디옥교회가 최초였다. 이런 이유로 안디옥교회가 최초의 정식 교회라고 주장하는 이들도 있다.
안디옥교회로부터 이방 선교의 전진 기지가 마련되었으며 복음이 소아시아 지역과 지중해를 넘어 유럽으로 전파되는 계기가 되었다.

*** 콘스탄틴 대제**
최초로 로마 제국을 통일시켰으며 기독교를 공인한 황제이다.

루어졌으며, 구제 제도로는 구빈원, 빈민명부가 있었다. 구빈원은 수도원 숙박시설 외에 병자를 위한 병원, 어린이를 위한 양육원, 노령자를 위한 양로원 등이 있다. 빈민명부는 걸인과 부랑자 발생을 방지하고 농노의 탈출을 막기 위한 제도였다.

샤를레망 대제부터 종교개혁까지 가장 획기적인 구제 사업은 공익 전당포였다. 이는 고리대금업자의 횡포로부터 영세민과 성도를 보호하였고 소액을 사용할 경우 이자를 면제해 주었다.

3) 근대의 교회

급격한 산업화와 도시화로 야기된 많은 경제적, 사회적 문제에 대하여 교회는 책임 의식을 가졌고, 보다 체계적으로 돕기 위해 구제와 나눔을 제도화시켰다. 모든 구제와 나눔이 교회의 절대적 영향 하에서 진행되었다. 사회 사업의 모태라고 볼 수 있는 '우애 방문가'(Friendly Visitor)는 근대 교회의 사회사업 중 하나였다.

4) 현대의 교회

성도들은 교회 사회사업가로서 봉사를 통해 가난한 사람을 도왔고, 사회 환경 개혁을 하나님이 주신 사명으로 알고 실천해 왔다. 의사, 간

*** 그레고리 1세 교황**
초대와 중세 교회사의 분기점이 되는 교황으로 찬송, 양력, 평신도 성경 금지 등의 여러 정책을 시행했다.

*** 샤를레망 대제**
프랑크족이 세운 카롤링거 왕조의 2대 왕으로 수차례의 원정을 통해 서유럽 대부분을 장악했다.
서로마 멸망 이후 분열되었던 서유럽의 문화를 통합하고자 노력했고, 궁중학교를 세워 스콜라 철학을 확립하였다.

*** 우애방문가 (Friendly Visitor)**
영국 최초의 자선조직협회는 1869년 런던에서 설립되었고, 미국에서는 1877년 뉴욕의 버팔로에 세워졌다.
자선조직협회의 직원은 주로 자원봉사자였으며 '우애방문가'라 불렀다. 우애방문가는 거의 중산층 부인으로 구성된 자원봉사자였고 빈곤 가족을 방문하여 가정생활, 아동에 대한 교육, 가계 경제 등에 도움을 제공하였다. 경우에 따라서 가족 구성원에게 용기를 북돋워 주기도 하고 도덕적으로 교화하기도 하였다.

호사, 교육자, 사회사업가 등과 같은 전문직에 종사하면서 사회봉사에 참여하기도 했다.

오늘날 교회의 구제와 나눔은 기독교의 사회 참여에 일익을 담당하고 있으며 복음을 확산시키는 데 긍정적인 역할을 하고 있다.

교회는 교회사에 나타난 사회사업의 복음적 맥락을 파악하고 구제와 나눔을 더 발전시켜야 한다. 무엇보다 구제와 나눔의 제도가 세속적이고 반기독교적 사상이나 이념적 유물로 전락하지 않도록 경계를 게을리해서는 안 될 것이다.

*** 사회사업**
빈민 구제, 실업 보호, 사회 교화, 의료 보호 등과 같이 사회의 개선과 민중의 교화 등을 목적으로 하는 사업을 말한다.

*** 반기독교 사상**
기독교를 반대하거나, 거부하는 모든 사상을 일컫는다.

3. 교회의 구제와 나눔의 실제

1) 구제와 나눔의 내용

(1) 빈민을 위해

① 생계 지원

- 교회나 성도가 빈민의 생존을 보호해 주기 위해 자금이나 의식주에 필요한 재화, 서비스를 제공하는 것을 말한다.

② 자활 지원

- 단순 구제가 아니라 노동 능력이 있는 빈민이 자신의 힘으로 자립하고 자활할 수 있도록 도와주는 것이다.

*** 자활(自活)**
언어적 의미는 '스스로 살아가는 것'을 뜻한다. 사회 정책으로 자활은 공공부조를 통해 기초생활이 보장된 상태에서 자신의 능력과 수입으로 생활할 수 있도록 지원하는 과정에 중점을 둔다.

따라서 근로 능력과 자활 의지가 있는 저소득층이나 장기 실직자에게 취업 내지 창업의 기회를 제공하여 소득을 향상시키고 자립할 수 있도록 국가나 단체가 지원하는 활동이다.

▶ 직업훈련을 통한 기술 습득, 취업 알선 등으로 빈곤을 해결하도록 돕는다.

▶ 교회 자체의 힘으로 어려운 경우에는 사회복지기관이나 사회교육기관과 협력해 관리할 수 있다.

▶ 교회 내에 인력은행을 설치하여 구인정보와 구직정보를 수집하고 취업 알선의 중개자 역할을 함으로써 구제와 나눔에 기여할 수 있다.

(2) 장애인을 위해

• 교회에서 시행하는 장애인을 위한 구제와 나눔의 정신은 그들도 우리처럼 하나님이 지으신 귀중한 존재로 여기는 것이다.

• 교회에서 시행하는 장애인을 위한 구제와 나눔은 하나님의 형상 회복이라는 기독교 근본 이념과 더불어 인간 존중, 정상화, 주류화, 사회 형평, 의식화의 의미를 지닌다.

▶ 인간 존중을 위한 구제와 나눔에는 노동력이 없는 장애인의 생계 지원, 장애 치료, 주거 보호 등이 있다.

▶ 정상화를 위한 구제와 나눔은 장애인이 다른 사람의 도움 없이 이동할 수 있는 이동권, 공공시설을 이용할 수 있는 접근권 등을 보장하는 것이다.

▶ 주류화를 위한 구제와 나눔은 비주류로 남아 있는 장애인이 주류사회에 통합되도록 돕는 것이다.

▶ 사회형평이란 희생과 양보를 통해 사회적으로 열악한 집단의 복지를 증진시키는 것이다.

▶ 의식화는 장애인에 대한 잘못된 인식과 선입견을 불식시키는 것으로 '장애인 바로 알기' 운동 등이 있다.

• 성도는 교회 주변의 장애인을 방문하여 빨래, 청소, 식사 준비, 간병, 심부름, 결연 봉사, 부업 알선 등의 구제와 나눔을 실행할 수 있다.

*** 결연 봉사 (sponsorship services)**
도움이 필요한 사람에게 도와줄 사람을 찾아 연결시키는 조직적 활동이다. 어려운 처지에 있는 보호 대상자를 후원자(개인 또는 단체)와 결연시켜 필요로 하는 물질적·정신적 도움을 받도록 한다.

(3) 노인을 위해

• 평균수명 연장과 출산율 감소에 따른 노령인구의 급격한 증가는 노인에 대한 구제와 나눔을 필요로 한다.

▶ 인간은 누구나 연로함에 따라 정신적, 육체적으로 쇠약해지고, 경제력이나 사회생활 참여도 격감하게 된다.

• 노인을 대상으로 교회가 할 수 있는 구제와 나눔은 다음과 같다.

▶ 건강지원 서비스로 주간보호, 야간보호, 단기보호, 가정 원조, 공동 급식 등이 있다.

▶ 사회적 지지 서비스로 가사 봉사, 전화 확인, 급식 배달, 방문, 상담 등이 있다.

▶ 이동 및 접근 서비스로 교통편과 정보 제공, 주택 수리, 법률 상담 등이 있다.

▶ 시설 서비스로는 실비양로시설, 노인요양시설, 노인복지회관 등이 있다.

▶ 여가 시설로는 경로당, 노인교실, 노인 휴양소 등이 있다.

(4) 아동을 위해

• 성경에서 아동은 다음 세대를 이어갈 소중한 집단으로 교육, 훈계, 긍휼의 대상이라고 말씀한다.

• 교회는 성경의 가르침에 따라 아동을 보호하고 양육시켜야 할 책임이 있다.

• 아동을 위한 구제와 나눔은 다음과 같다.

▶ 아동 상담은 아동과 상담자 사이에 상호적인 심리작용을 통해서 이루어지며 필요한 정보 제공이나 조언에서부터 심리치료에 이르기까지 다양한 내용을 포함할 수 있다.

▶ 아동이 학대나 방임으로 인해 보호가 필요하다고 판단되면 그 아동을 일시적 또는 영구적으로 분리시켜 위탁가정, 아동보호시설, 입양기관에 의뢰하여 구제할 수 있다.

▶ 소년소녀가장은 정부로부터 공적 부조를 받고 있지만 부족한 부분과 정서적인 면은 교회가 결연하여 도움을 줄 수 있다.

▶ 맞벌이, 결손 가정 등 자녀 양육에 어려움을 겪는 가정에게 어린이집이나 선교원 등의 보육사업을 통해 구제와 나눔을 베풀 수 있다.

▶ 시설보호는 교회가 아동복지시설을 설립해 운영하는 것이다. 직접 운영하기 어려우면 재정 지원을 하거나 자원봉사자를 파견할 수 있다.

(5) **청소년을 위해**

• 청소년이 사회인으로 건강하게 성장하도록 가족과 교회, 사회와 국가가 협력하여 체계적인 노력을 해야 한다.

• 청소년을 위한 구제와 나눔은 맞벌이 가정의 청소년 탈선, 사고와 질병, 이혼으로 인한 상실감, 사랑 결핍 등의 해결을 포함해야 한다.

• 빈곤 청소년의 경제적 지원, 장학금 지원, 청소년 상담, 비행 청소년 선도, 학교폭력 예방, 대안학교 설립 및 후원 등이 있다.

＊보육사업(保育事業)
낮 동안 다른 사람의 보호를 받아야 하는 아동에게 주어지는 보호로, 대상 아동은 주로 영세민이나 보호 능력이 없는 시민의 자녀이다.

＊선교원(宣教院)
교회의 부설 어린이집과 비슷한 곳이며, 하나님의 사랑과 기독교적 교리에 근거하여 아이들을 가르친다.

＊청소년 탈선
학생에게 나타나는 문제점의 예
1. 귀가 시간이 자꾸 늦고, 늦은 이유를 말하지 않는다.
– 문제점 : 부모와의 대화를 거부하고 자주 짜증을 낼 수 있다.
2. 학교에서 문제를 일으킨다.
– 문제점 : 공부에 지장이 있고, 부모와 불화가 생길 수 있다.
3. 밤에 자주 나간다.
– 문제점 : 청소년 유해업소나 술, 담배, 마약, 성에 노출될 수 있다.

＊대안학교(代案學教)
일반 학교와 다르게 체험학습, 토론 프로그램을 통해 수업에 대한 부담과 압박 없이 학교생활을 할 수 있다.

(6) 근로자를 위해

- 노동 현장에서 하나님의 정의가 실현되도록 그리스도인이 행하는 체계적인 노력이다.

- 근로자의 구제와 나눔에는 고민을 들어주는 상담소 운영, 삶의 질 향상을 위한 근로 복지, 실직자를 위한 무료 급식, 생활 보조 및 취업 알선 등이 있다.

- 외국인 근로자의 인권 및 복지 개선도 교회의 구제와 나눔의 중요한 사업이 될 수 있다.

(7) 통일을 위해

- 교회는 민족 분단의 고통 해소와 평화 정착을 위해 통일로 나아가는 개교회적, 범교단적 운동을 해야 한다.

- 평화통일사업으로 북한동포 돕기(물품 보내기)와 탈북자 돕기가 있다.

- 통일을 위한 구제와 나눔에 남북한 상호 이해와 화해 및 적극적인 준비가 필요하다.

2) 구제와 나눔의 태도

성경은 구제하고 나눌 때 가져야 할 올바른

태도를 가르친다. 구제와 나눔에 대한 성경적인 태도는 다음과 같다.

(1) 하나님에게 드리는 것이다

- 형제 중에 지극히 작은 자 하나에게 한 것이 곧 주님께 한 것이다(마 25:40).

- 우리에게 있는 모든 것은 하나님의 소유이다. 우리는 단지 '맡은 자'요 '관리자'에 불과하다.

(2) 즐거운 마음으로 해야 한다.

- 아끼지 말고 넉넉한 마음으로 베풀어야 한다(신 15:7~10).

- 억지로 하지 않고 즐거운 마음으로 베푸는 자를 하나님은 사랑하신다(고후 9:7).

(3) 은밀히 해야 한다.

- 예수님은 사람에게 보이려고 앞에서 의를 행하면 아버지께 상을 받지 못한다고 말씀하셨다(마 6:1~4).

3) 구제와 나눔의 결과

성경은 "주라 그리하면 너희에게 줄 것이니

*** 마태복음 25:40**
"임금이 대답하여 이르시되 내가 진실로 너희에게 이르노니 너희가 여기 내 형제 중에 지극히 작은 자 하나에게 한 것이 곧 내게 한 것이니라 하시고"

*** 고린도후서 9:7**
"각각 그 마음에 정한 대로 할 것이요 인색함이나 억지로 하지 말지니 하나님은 즐겨 내는 자를 사랑하시느니라"

*** 신명기 15:10**
"너는 반드시 그에게 줄 것이요, 줄 때에는 아끼는 마음을 품지 말 것이니라 이로 말미암아 네 하나님 여호와께서 네가 하는 모든 일과 네 손이 닿는 모든 일에 네게 복을 주시리라"

곧 후히 되어 누르고 흔들어 넘치도록 하여 너희에게 안겨 주리라"(눅 6:38)고 말씀한다. 믿는 자들이 즐거운 마음으로 아낌없이(신 15:10) 은밀한 중에 구제하고(마 6:4), 항상 가난한 자를 불쌍히 여기면 하나님은 반드시 되갚아 주시며 복을 허락하신다(잠 19:17).

흩어 구제하여도 부하게 되며 과도히 아껴도 가난하게 되는 바, 오히려 구제를 좋아하면 남도 윤택하게 하고 자신도 윤택해진다(잠 11:24~25). 가난한 자를 구제하면 궁핍하지 않지만, 못 본 체하는 자는 저주가 커진다(잠 28:27). 베풀고 구제하는 의인은 버림을 당하거나 자손이 걸식함이 없으며 자손이 큰 복을 받는다(시 37:25~26). 구제와 나눔을 통해 복을 누리는 성도가 되어야 할 것이다.

*** 마태복음 6:4**
"네 구제함을 은밀하게 하라 은밀한 중에 보시는 너의 아버지께서 갚으시리라"

*** 잠언 19:17**
"가난한 자를 불쌍히 여기는 것은 야훼께 꾸어 드리는 것이니 그의 선행을 그에게 갚아 주시리라"

*** 잠언 11:25**
"구제를 좋아하는 자는 풍족하여질 것이요 남을 윤택하게 하는 자는 자기도 윤택하여지리라"

*** 잠언 28:27**
"가난한 자를 구제하는 자는 궁핍하지 아니하려니와 못 본 체하는 자에게는 저주가 크리라"

*** 시편 37:25~26**
"내가 어려서부터 늙기까지 의인이 버림을 당하거나 그의 자손이 걸식함을 보지 못하였도다 그는 종일토록 은혜를 베풀고 꾸어 주니 그의 자손이 복을 받는도다"

Memo.

말씀과 진리 교회와 세계

초판 1쇄 발행 | 2014년 5월 1일
6쇄 발행 | 2025년 3월 10일

지 은 이 | 이영훈
편 집 인 | 김호성
펴 낸 곳 | 교회성장연구소

등록번호 | 제 12-177호
주 소 | 서울시 영등포구 은행로 59, 4층
전 화 | 02-2036-7936
팩 스 | 02-2036-7910
쇼 핑 몰 | www.pastor21.net

※ 책 값은 뒤표지에 있습니다.
※ 잘못된 책은 구입하신 곳에서 교환해 드립니다.
※ 이 책은 저작권법에 의해 보호를 받는 저작물이므로 무단 전재 및 무단 복제를 금합니다.

I S B N | 978-89-8304-229-3 03230
978-89-8304-224-8 04230(세트)

"무슨 일을 하든지 마음을 다하여 주께 하듯 하라" 골 3:23

교회성장연구소는 한국 모든 교회가 건강한 교회성장을 이루어 하나님 나라에 영광을 돌리는 일꾼으로 성장하는 것을 목표로, 목회자의 사역은 물론 성도들의 영적 성장을 도울 수 있는 필독서를 출간하고 있다. 주를 섬기는 사명감을 바탕으로 모든 사역의 시작과 끝을 기도로 임하며 사람 중심이 아닌 하나님 중심으로 경영한다. "무슨 일을 하든지 마음을 다하여 주께 하듯 하라"는 말씀을 늘 마음에 새겨 하나님께서 주신 사명을 기쁨으로 감당한다.